ACCOUNTING

바이블 회계학

원가관리회계 Sub-Note

박종하 회계사

Business & Management Books
비앤엠북스

머리말

강의를 시작하면서 시중에 나와 있는 책들로는 급격하게 어려워지고 있는 감정평가사, 관세사, 보험계리사 등의 시험에 대비를 하기가 매우 어려울 것이라고 판단하여 이 책을 집필하게 되었습니다.

본 교재는 회계학이 1차 과목에 있는 원가관리회계 기본서 Sub-Note입니다. 이 중 감정평가사, 관세사, 보험계리사 등의 시험을 목적으로 학습하시는 분들에게 적합한 교재입니다.

이 책의 특징

1. 자주 출제되는 모든 유형이 이 책에 있다!

시험에 출제되는 유형은 정해져 있습니다. 각 파트별로 출제되는 유형을 알고 이에 대비를 하여야 짧은 시간을 투입을 해서 좋은 점수를 획득할 수가 있습니다.

이 책은 자주 출제되는 모든 유형을 수록하여 시험에 최적화된 학습이 가능하도록 하였습니다.

2. 친절한 해설과 요약표!

원가관리회계 또한 재무회계처럼 용어나 회계처리를 이해하기가 매우 어렵습니다. 시중의 많은 책들은 하나같이 어려운 용어나 회계처리를 그대로 복사하듯이 집필한 경우가 많아 원가관리회계를 이해하기가 매우 힘듭니다. 저자는 이 점을 최대한 보완하기 위해 어려운 원가관리회계의 용어, 회계처리 하나하나를 알기 쉽게 풀어서 설명하였습니다.

또한, 강의 때 요약해드리는 요약표를 Sub-Note 교재에 모두 담아 회계학의 핵심사항을 한눈에 볼 수 있도록 집필하였습니다.

3. 강의와의 연계성!

교재의 목차순서 및 구성방식은 전적으로 강의를 중심으로 집필하였으며, 실제 강의를 듣는 수강생들이 강의를 이해하고 복습하기에 최적이 되도록 집필하였습니다.

끝으로 이 책이 출간될 수 있도록 도와주신 비앤엠북스 정경식 이사님, 합격의법학원 김성범 원장님을 비롯한 합격의법학원 식구들에게 진심으로 감사드립니다. 또한 언제나 옆에서 물심양면으로 도와주는 저의 아내와 아들 민준이, 서준이에게 고맙다는 말을 전하고 싶습니다.

무엇보다 언제나 성원을 보내주시는 수험생 여러분들께 가장 큰 감사를 드리며, 본 교재가 회계학 과목을 준비하는 수험생 여러분의 합격을 앞당기는 길잡이가 되기를 희망합니다.

2022년 9월
공인회계사 박 종 하

차 례

제4장 종합원가계산

제5장 결합원가계산

제6장 표준원가계산

제7장 변동원가계산

제8장 원가의 추정

제9장 CVP 분석

제10장 단기의사결정

제11장 종합예산

제12장 대체가격

제13장 책임회계와 성과평가

제14장 불확실성하의 의사결정

제15장 원가관리회계 신이론

제1장

원가회계의 기초개념

핵심 요약 재무회계와 관리회계

회계의 분류

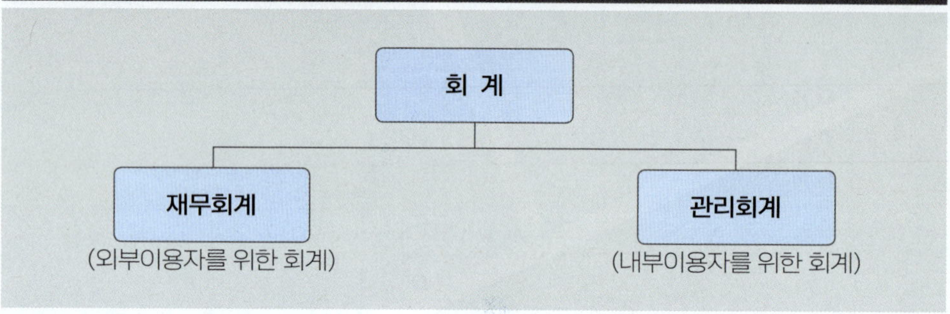

재무회계와 관리회계의 차이점

구 분	재 무 회 계	관 리 회 계
목 적	외부이용자의 경제적 의사결정에 유용한 정보를 제공하기 위한 외부 보고 목적	내부경영자의 경제적 의사결정에 유용한 정보를 제공하기 위한 내부 보고 목적
이 용 자	외부이용자인 주주, 채권자, 정부 등	내부이용자(주로 경영자)
보고수단	일반 목적을 위한 재무제표	특수 목적의 재무제표와 기타보고서
보고서 작성이유	법에 의한 요구	필요한 목적을 달성하기 위해 작성
준거기준	기업회계기준 등 일정한 기준	일정한 기준이 없음
정보의 내용 및 속성	과거지향적, 객관성 강조	미래지향적, 목적적합성 강조

핵심요약 원가의 분류

01 원가의 분류

① 원가행태에 따른 분류 : 변동원가와 고정원가

② 추적가능성에 따른 분류 : 직접원가와 간접원가

③ 제조활동에 따른 제조원가의 행태별 분류 : 직접재료원가와 직접노무원가 및제조간접원가

④ 수익과의 대응관계에 따른 분류 : 제품원가와 기간원가

⑤ 의사결정과의 관련성에 따른 분류 : 관련원가와 비관련원가, 회피가능원가와 회피불능원가, 기회원가와 매몰원가

⑥ 자산과의 관련성에 따른 분류 : 미소멸원가와 소멸원가

⑦ 통제가능성에 따른 분류 : 통제가능원가와 통제불능원가

02 원가행태에 따른 분류

① 변동원가 : 조업도의 변동에 따라 총원가가 직접적으로 비례하여 증감하는 원가

변동원가

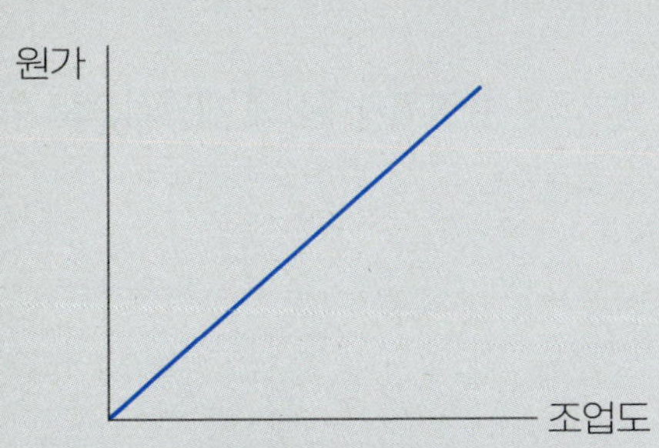

〈순수변동원가〉

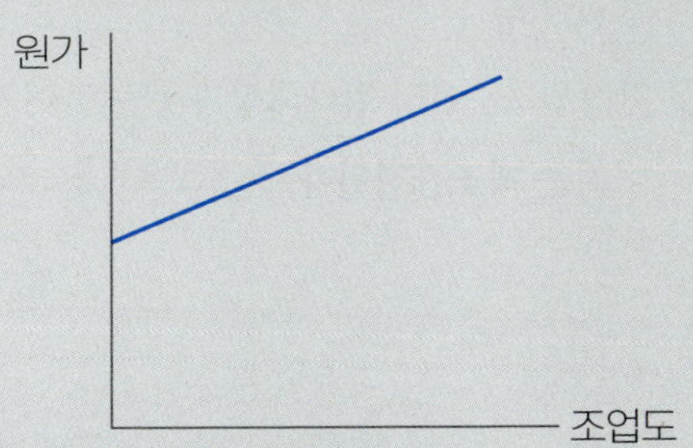

〈준변동원가〉

② 고정원가 : 조업도의 변동에 관계없이 총원가가 일정하게 발생하는 원가

고정원가

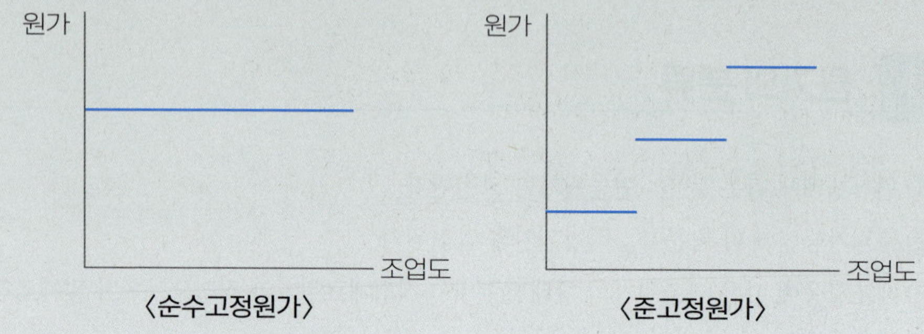

고정원가와 변동원가

구 분	고정원가	변동원가
총원가	일 정	정비례
단위원가	체 감	일 정

03 추적가능성에 따른 분류

① 직접원가 : 특정원가대상에 대해 직접 추적할 수 있는 원가인 직접재료원가와 직접노무원가 등

② 간접원가 : 여러 원가대상과 관련하여 발생하므로 특정원가대상에 개별적으로 추적이 어려운 **제조간접원가** 등

04 제조활동에 따른 제조원가의 행태별 분류

① 직접재료원가 : 특정제품에 직접적으로 추적할 수 있는 원재료 사용액

② 직접노무원가 : 특정제품에 직접적으로 추적할 수 있는 노동력의 사용액

③ 제조간접원가 : 직접재료원가와 직접노무원가를 제외한 모든 제조원가

제조원가의 구성요소

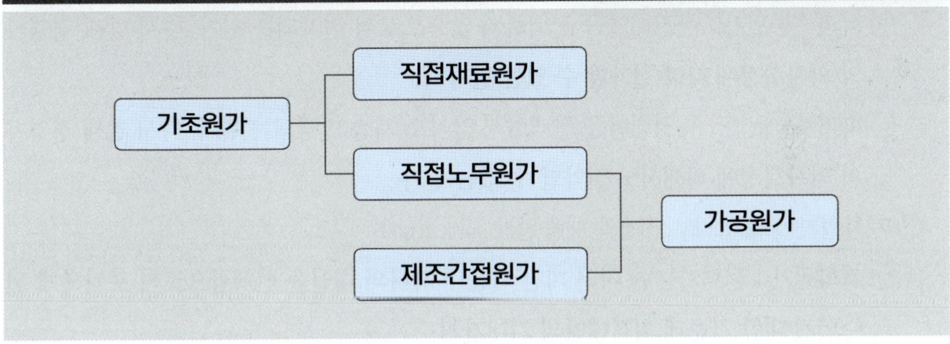

05 수익과의 대응관계에 따른 분류

① 제품원가 : 판매목적으로 구입하거나 제조한 제품에 부과할 수 있는 원가

→ 제품원가는 판매시점까지 비용화가 이연되기 때문에 재고가능원가라고도 함

② 기간원가 : 제품원가 이외의 원가로 **발생한 기간에 비용**으로 처리됨

→ 기간원가의 대표적인 예 : **판매비와관리비**

06 의사결정과의 관련성에 따른 분류

① 관련원가(relevant costs)와 비관련원가(irrelevant costs)

㉠ 관련원가 : 의사결정 대안 간에 차이가 나는 원가로서 **의사결정과 관련이 있는 원가**

㉡ 비관련원가 : 대안 간에 차이가 발생하지 않는 원가로서 **의사결정에 영향을 미치지 못하는 원가**

② 회피가능원가(avoidable costs)와 회피불능원가(unavoidable costs)

㉠ 회피가능원가 : 특정대안을 선택하지 않음으로써 절약되는 원가, 다시 말해 경영자의 **의사결정에 따라 절약할 수 있는 원가**

㉡ 회피불능원가 : 특정대안을 선택하지 않아도 계속 발생되는 원가, 다시 말해 경영자의 **의사결정에 의해서도 절약할 수 없는 원가**

③ 기회원가(opportunity costs)와 매몰원가(sunk costs)

㉠ 기회원가 : 선택가능한 여러 대안 가운데 **하나의 대안을 선택함으로써 포기하게 된 나머지 대안 가운데 최적대안의 기대가치**

㉡ 매몰원가 : **과거의 의사결정으로 인하여 이미 발생한 원가**로서 대안 간에 차이가 발생하지 않는 원가

07 통제가능성에 따른 분류

① 통제가능원가 : 특정기간에 특정한 경영자가 발생에 영향을 미칠 수 있는 원가

→ **경영자의 성과를 평가할 때 반드시 고려**해야 함

② 통제불능원가 : 특정한 경영자가 발생을 통제할 수 없는 원가

→ **경영자의 성과를 평가할 때 배제**해야 함

핵심요약 제조원가의 흐름

01 제조원가의 3요소 : 직접재료원가, 직접노무원가, 제조간접원가

(1) 직접재료원가

재료원가의 구분

재료원가 —(추적가능원가)→ 직접재료원가

재료원가 —(추적불능원가)→ 간접재료원가 (제조간접원가)

직접재료원가=기초재료 재고액+당기재료 매입액−기말재료 재고액

(2) 직접노무원가

노무원가의 구분

노무원가 —(추적가능원가)→ 직접노무원가

노무원가 —(추적불능원가)→ 간접노무원가 (제조간접원가)

(3) 제조간접원가 : 직접재료원가와 직접노무원가 이외의 모든 제조원가

→ 간접재료원가, 간접노무원가, 감가상각비 등이 포함됨

02 제조원가의 계산

제조과정의 흐름

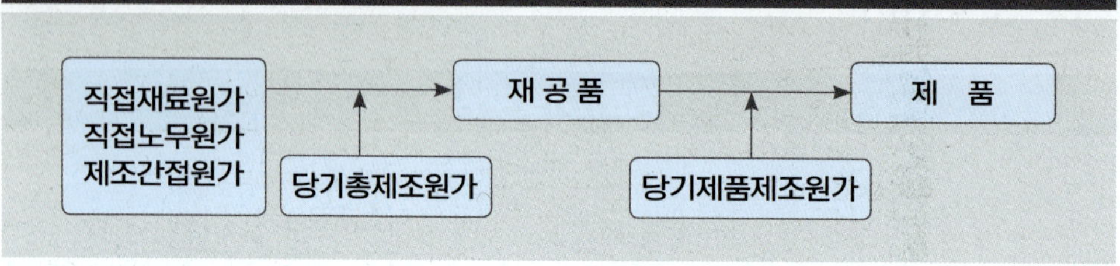

(1) 재공품

☞ 재공품 : 제조공정에 투입되었지만 완성되지 않고 가공 중에 있는 제품에 부과된 직접재료원가, 직접노무원가, 제조간접원가를 기록하는 계정

(2) 제 품

☞ 제품 : 제조공정이 완료되어 판매를 위해 보관하고 있는 제품에 부과된 제조원가의 총액을 기록하는 계정

(3) 당기총제조원가

☞ 당기총제조원가 : 당기에 재공품으로 투입된, 즉 제조의 완료 여부와는 무관하게 제조과정에 투입된 모든 제조원가

당기총제조원가=직접재료원가+직접노무원가+제조간접원가

(4) 당기제품제조원가

☞ 당기제품제조원가 : 당기에 완성되어 제품으로 대체된 완성품의 제조원가

당기제품제조원가=기초재공품 재고액+당기총제조원가−기말재공품 재고액

(5) 매출원가

☞ 매출원가 : 당기에 판매된 제품의 제조원가

매출원가=기초제품재고액+당기제품제조원가−기말제품재고액

제조원가의 흐름

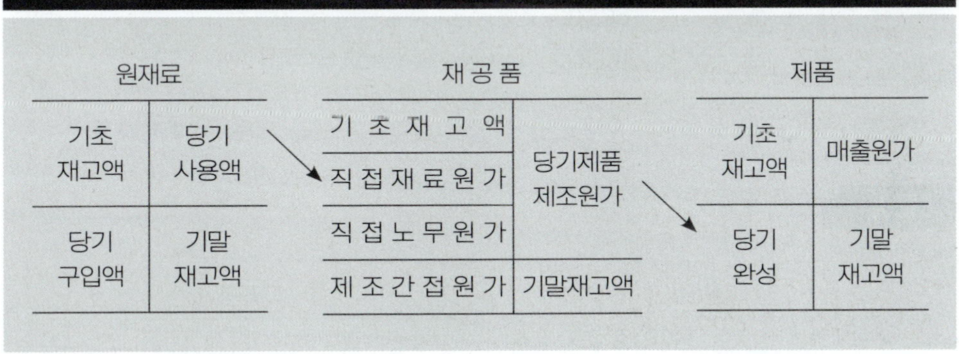

예제

제조원가의 흐름

(주)민준은 당기에 영업을 개시하였다.

① 원재료 ₩200,000을 외상으로 구입하였다.
② 원재료 ₩150,000이 생산에 투입되었다.
③ 시간당 임률이 ₩10인 생산직 사원 50명이 각자 200시간을 근무하였다. 임금은 아직 지급되지 않았다.
④ 공장제조간접원가 발생액은 다음과 같다. 이 중 전력비를 제외하고는 이미 현금으로 지급하였다.

전 력 비	₩20,000
복리후생비	40,000
수도광열비	30,000

⑤ 당기의 공장설비자산의 감가상각비는 ₩35,000이다.
⑥ 당기말 재고자산의 평가액은 다음과 같다.

원 재 료	₩50,000
재 공 품	60,000
제 품	40,000

[물음] 상기의 자료를 이용하여 제조원가의 흐름(원재료, 재공품, 제품)을 나타내시오.

풀이

원재료

기초재고	0	당기사용	150,000
당기구입	200,000	기말재고	50,000
	200,000		200,000

재공품

기 초 재 고	0	제 품	315,000
직접재료원가	150,000	기말재고	60,000
직접노무원가*	100,000		
제조간접원가	125,000		
	375,000		375,000

제품

기초재고	0	매출원가	275,000
당기완성	315,000	기말재고	40,000
	315,000		315,000

* ₩10×50명×200시간

제 2 장

원가배분

핵심요약 원가배분의 개요

01 원가배분의 의의

☞ 원가배분 : 공통원가를 일정한 배분기준에 따라 하나 또는 둘 이상의 원가대상)에 합리적으로 대응시키는 과정

02 원가배분기준

(1) 인과관계기준

☞ 원가배분대상과 배분대상원가 간의 **인과관계를 통하여 특정원가를 원가배분대상에 대응시키는 가장 이상적인 배분기준임**

예 직접노무원가를 직접노무시간으로 배분하는 것

(2) 수혜기준

☞ 원가배분대상이 공통원가로부터 **제공받은 경제적 효익의 크기에 비례하여 원가를 배분하는 기준**으로 수익자부담원칙에 입각한 배분기준임

예 회사 전체 이미지 광고를 통해 여러 제품의 매출이 증가한 경우, 각 제품 매출액의 증가액을 기준으로 광고비를 각 제품에 배분하는 것

(3) 부담능력기준

☞ **원가를 부담할 수 있는 능력에 비례하여 공통원가를 원가대상에 배분하는 기준**

예 대표이사의 급여를 매출액이나 영업이익을 기준으로 각 사업부에 배분하는 경우

(4) 공정성과 공평성 기준

☞ 여러 원가대상에 **공정하고 공평하게 공통원가를 원가배분대상에 배분해야 한다는 기준**

☞ 원가배분을 위한 기준이라기보다는 원가배분을 통해 달성하고자 하는 목표를 나타내는 것임

03 원가배분의 절차

(1) 제조간접원가의 분류

제조간접원가의 분류

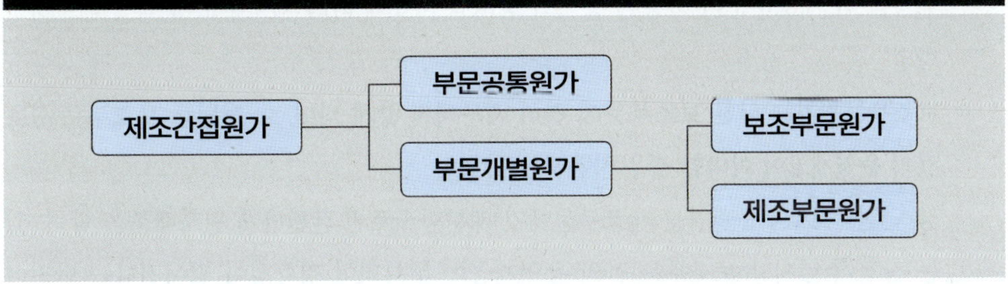

(2) 제조간접원가의 원가배분 절차

원가배분의 절차

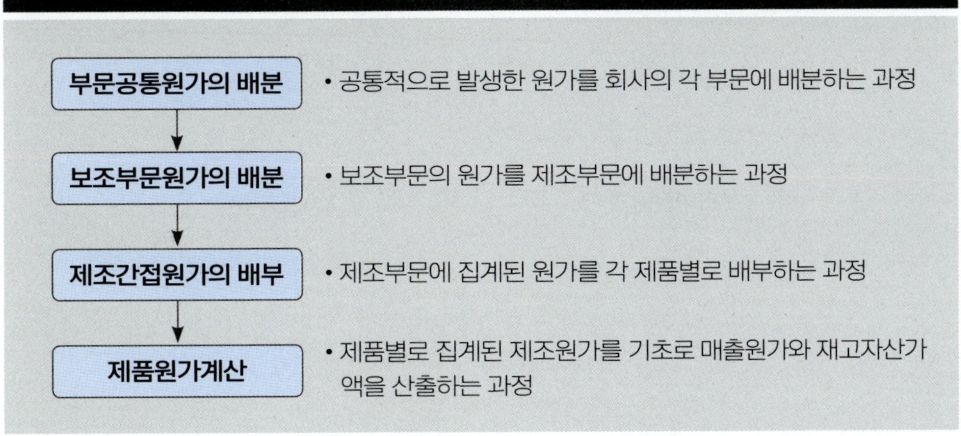

핵심요약 보조부문 원가배분방법

☞ 보조부문원가의 배분방법 : **보조부문 상호 간의 용역수수에 의한 배분방법에 따라 직접배분법, 단계배분법과 상호배분법**이 있다.

01 직접배분법

☞ 직접배분법 : **보조부문 상호 간에 행해지는 용역의 수수를 완전히 무시**하고 보조부문원가를 각 제조부문이 사용한 용역의 상대적 비율에 따라 제조부문에 직접 배분하는 방법

☞ **보조부문원가는 다른 보조부문에 전혀 배분되지 않게 되며**, 이 방법은 **보조부문 상호 간의 용역제공이 미미할 경우 사용**하는 방법임

☞ 장·단점 : 보조부문원가를 제조부문에만 배분함으로써 **간편하게 원가배분**을 할 수 있는 장점이 있지만 보조부문 간의 용역제공이 무시되어 **정확성이 떨어진다**는 단점이 있음

직접배분법

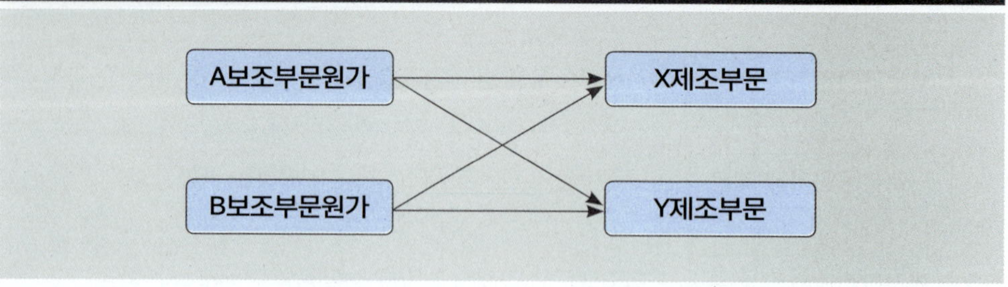

02 단계배분법

☞ 단계배분법 : 보조부문원가의 **배분순서를 정하여 그 순서에 따라 단계적으로 보조부문원가를 다른 보조부문과 제조부문에 배분하는 방법**

☞ 단계배분법은 **보조부문 중 타보조부문에 대한 용역제공비율이 중요하여 직접배분법을 사용하기가 부적절한 경우에 사용**되는 방법임

☞ 장·단점 : 보조부문 간의 **용역수수관계를 일부 인식**하기는 하지만 **배분순서가 적절하지 않은 경우에는 원가배분결과가 왜곡**될 수 있음

단계배분법(A부문을 먼저 배분하는 경우)

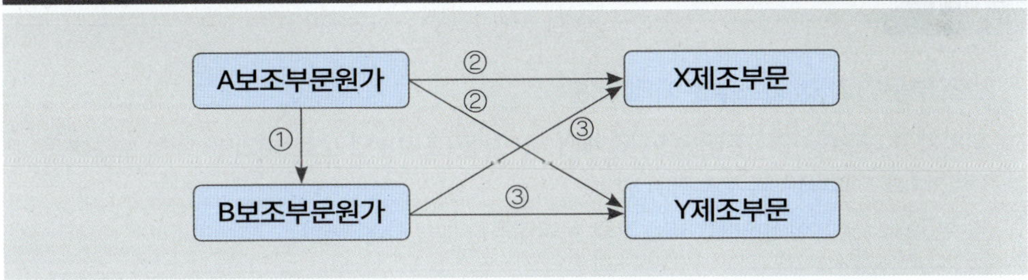

03 상호배분법

☞ 상호배분법 : **보조부문 간의 용역제공을 완벽하게 고려하는 배분방법**

☞ **보조부문 상호 간의 용역제공비율이 중요한 경우에 사용됨**

☞ 장·단점 : 각 보조부문 간의 용역수수관계를 방정식을 통해 계산하여 **정확한 원가배분**의 장점이 있지만, **원가배분이 복잡**하다는 단점이 있음

배분대상 보조부문원가(보조부문 상호배분 후의 원가)
=보조부문 자체원가+다른 보조부문으로부터 배분된 원가
(타보조부문원가×타보조부문으로부터의 용역제공비율)

상호배분법

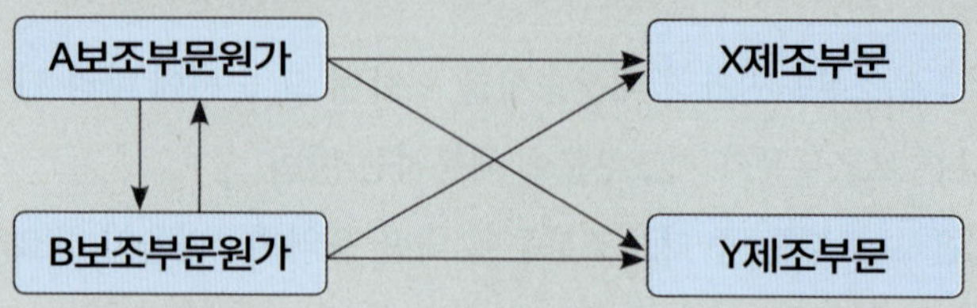

예제

보조부문원가의 제조부문에의 배분

원목가구 제조회사인 (주)민준은 두 개의 제조부문(조각부와 도료부)과 두 개의 보조부문(창고부와 전력부)으로 구성되어 있다.
각 부문에서 발생한 원가 및 부문 간의 용역제공관계는 다음과 같다.

용역사용부문 / 용역제공부문	제조부문		보조부문		합 계
	조각부	도료부	창고부	전력부	
창 고 부	30%	50%	–	20%	100%
전 력 부	40%	40%	20%	–	100%
발 생 원 가	₩400,000	₩200,000	₩100,000	₩300,000	₩1,000,000

[물음1] 직접배분법을 사용하여 보조부문원가를 각 제조부문에 배분하시오.

[물음2] 단계배분법을 사용하여 보조부문원가를 각 제조부문에 배분하시오.
(단, 창고부문원가부터 먼저 배분한다)

[물음3] 상호배분법을 사용하여 보조부문원가를 각 제조부문에 배분하시오.

풀이

[물음1] 직접배분법

	제조부문		
	조각부	도료부	합 계
각 부문의 발생원가	₩400,000	₩200,000	₩600,000
보조부문원가배분 :			
창고부	37,500*	62,500	100,000
전력부	150,000**	150,000	300,000
합 계	**₩587,500**	**₩412,500**	₩1,000,000

* $₩100,000 \times \frac{0.3}{0.3+0.5} = ₩37,500$

** $₩300,000 \times \frac{0.4}{0.4+0.4} = ₩150,000$

[물음2] 단계배분법

	제조부문		보조부문	
	조각부	도료부	창고부	전력부
각 부문의 발생원가	₩400,000	₩200,000	₩100,000	₩300,000
보조부문원가배분 :				
창고부	30,000*	50,000	(100,000)	20,000
전력부	160,000**	160,000	–	(320,000)
합 계	**₩590,000**	**₩410,000**	₩0	₩0

* $₩100,000 \times 0.3 = ₩30,000$

** $(₩300,000 + ₩20,000) \times \frac{0.4}{0.4+0.4} = ₩160,000$

[물음3] 상호배분법

창고부의 보조부문배분 후의 총원가를 A, 전력부의 보조부문배분 후의 총원가를 B라 하면 보조부문 간에 다음 식이 성립한다.

$A = ₩100,000 + 0.2B$ …… ①

$B = ₩300,000 + 0.2A$ …… ②

②를 ①에 대입하면

$A = ₩100,000 + 0.2 \times (₩300,000 + 0.2A)$

$0.96A = ₩160,000$

따라서 $A = ₩166,667$

$B = ₩333,333$

위의 금액을 제조부문에 배분하면 다음과 같다.

	제조부문		보조부문	
	조각부	도료부	창고부	전력부
각 부문의 발생원가	₩400,000	₩200,000	₩100,000	₩300,000
보조부문원가배분 :				
창고부	50,000	83,334	(166,667)	33,333*
전력부	133,333**	133,333	66,667	(333,333)
합계	**₩583,333**	**₩416,667**	₩0	₩0

* ₩166,667×0.2=₩33,333

** ₩333,333×0.4=₩133,333

핵심요약 활동기준원가계산

01 활동기준원가계산의 의의

☞ 활동기준원가계산 : **정확한 원가계산**을 위해 기업의 여러 가지 활동들을 원가대상으로 삼아 원가를 집계하고 원가대상들(제품, 고객, 서비스 등)에 대한 원가계산도 이들이 소비한 활동별로 파악된 원가에 의해 계산하는 방법

☞ 활동기준원가계산은 **다양한 원인으로 발생하는 제조간접원가를 발생원인별로 집계하여 다양한 배부기준으로 제조간접원가를 배분**하는 계산방법임

02 활동기준원가계산의 도입배경

(1) 전통적 배부기준에 대한 비판(새로운 배부기준의 필요성)

☞ **전통적 원가계산** : 제조간접원가가 조업도(생산량)에 비례한다는 가정하에 직접노무원가, 직접노동시간, 기계시간과 같은 생산량과 비례관계에 있는 **단일배부기준에 의하여 제조간접원가를 배부함**

☞ **활동기준원가계산** : 이러한 원가왜곡을 줄이기 위해 **각각의 활동별로 원가를 집계한 후, 각 활동별 원가요인을 배부기준으로 하여 소비된 활동에 따라 제조간접원가를 제품에 배부함**

☞ 활동기준원가계산은 제조간접원가의 추적가능성을 향상시켜 보다 **정확한 원가계산을 하는 것이** 중요한 장점

→ **다품종 소량생산을 하는 기업과 제조간접원가의 비중이 큰 기업에 적합**한 원가계산방법임

(2) 직접노무원가의 감소, 제조간접원가의 증가

☞ 산업이 고도화되고 고객의 요구가 다양해짐에 따라 제조환경이 다품종 소량생산으로 바뀌고 있으며 유연생산시스템, 컴퓨터통합생산시스템 등 생산기술이 발달하고 제조과정이 자동화됨으로 인하여 **제조원가에서 직접노무원가가 차지하는 비중은 줄어든 반면 제조간접원가의 비중은 과거에 비해 훨씬 커짐**

(3) 원가개념의 확대－제품수명주기 원가계산의 등장

☞ 종전에는 제품의 제조과정이 기업활동의 대부분을 차지하였으므로 제조원가만으로 제품원가를 계산할 수 있었으나, **최근에는 제조원가뿐만 아니라 연구개발, 제품설계, 마케팅, 유통, 고객서비스 등의 기타원가가 제품원가 내에서 큰 비중**을 차지하게 됨

☞ **제품의 연구개발단계에서부터 폐기까지의 원가를 종합적으로 고려하는 제품수명주기 원가계산이 등장하게 되면서 원가를 좀 더 정확하게 파악하자는 욕구가 증가**하게 됨

(4) 정보수집기술의 발달

☞ 컴퓨터통합생산시스템의 도입으로 제조와 관련된 여러 **활동에 대한 정보망이 구축되어 활동의 분석 및 이들 활동과 관련된 원가를 적은 비용으로 손쉽게 수집하여 이용하는 것이 가능**하게 됨

03 활동기준원가계산의 절차

[1단계] 활동분석(activity analysis)

① 단위수준활동

제품생산량에 따라 비례하는 활동

예 직접노무활동, 기계작업활동 등

② 배치(batch)수준활동(묶음수준 활동)

한 묶음(batch)의 제품을 처리하거나 생산할 때 수행되는 활동

예 운송활동, 품질검사활동, 구매주문활동 등

③ 제품수준활동

제품라인을 유지하는 데 필요한 활동

예 특정제품의 설계와 연구개발 및 A/S활동 등

④ 설비수준활동

생산설비를 유지하고 관리하는 활동

예 공장관리활동, 건물관리활동, 안전유지활동 등

[2단계] 각 활동별로 제조간접원가를 집계

[3단계] 활동별 원가동인(배부기준)의 결정 – 원가를 가장 직접적으로 발생시키는 것이 무엇인가를 파악

[4단계] 활동별 제조간접원가 배부율의 결정

$$\text{활동별 제조간접원가배부율} = \frac{\text{활동별 제조간접원가}}{\text{활동별 배부기준(원가요인)}}$$

[5단계] 원가대상(제품, 고객, 서비스 등)별 원가계산

→ 원가대상(제품, 고객, 서비스 등)별 배부액

= Σ(소비된 활동수×활동별 제조간접원가배부율)

☞ 활동기준원가계산제도는 **개별원가계산을 사용하는 기업은 물론 종합원가계산을 사용하는 기업에서도 적용할 수 있으며, 제조업뿐만 아니라 서비스업 등의 업종에서도 적용가능함**

04 활동기준원가계산의 장 · 단점

(1) 활동기준원가계산의 장점

① 제조간접원가를 활동을 기준으로 배부함으로써 **원가계산이 정확**해진다.

② 활동기준원가계산으로 인한 **원가절감이 가능**하다.

→ 활동을 분석하는 과정에서 부가가치 활동과 비부가가치활동을 구분하여 **비부가가치 활동을 제거하거나 감소**시킴

③ 활동기준원가계산은 **의사결정과 성과평가에 유용**하다.

④ 활동기준원가계산은 **장기적으로 회사 전체의 효율성을 향상**시킨다.

⑤ 종래의 제조간접원가 배부방법은 재무회계목적의 원가정보만을 제공하였으나, 활동기준원가계산은 **활동에 대한 정보를 제공함으로써 관리회계목적의 정보도 제공**할 수 있다.

(2) 활동기준원가계산의 단점

① 활동분석과 원가동인의 파악에 소요되는 비용과 시간이 크다.

② 제조간접원가 중 원가동인을 파악할 수 없는 설비유지활동(예 공장의 감독자급여, 공장의 감가상각비)에 대해서는 직접노무원가, 직접노동시간, 기계시간 등과 같은 전통적 배부기준을 사용하여 배부할 수밖에 없다.

③ 제조간접원가를 발생시키는 기업의 활동을 명확하게 정의하고 구분하는 기준이 존재하지 않는다.

④ 새로운 체제로 전환하게 되면 기존 체제에 익숙한 구성원들이 반발할 수 있다.

예제

활동기준원가계산

(주)민준은 활동기준원가계산을 하고 있으며, 작업활동별 예산 자료와 생산관련 자료는 다음과 같다.

[작업활동별 예산 자료]

작업활동	배부기준	원가 발생액
재 료 처 리	부품의 수	₩2,700,000
절 삭	부품의 수	3,600,000
조 립	직접작업시간	1,800,000
포 장	포장된 제품수	2,700,000

[생산관련 자료]

제 품	일 반 형	특 수 형
생 산 수 량	6,000개	3,000개
직접재료원가	₩6,000,000	₩6,000,000
직접작업시간	6,000시간	6,000시간
직접노무원가	₩3,000,000	₩3,000,000
부 품 의 수	90,000개	90,000개

[물음] 일반형과 특수형 제품의 단위당 제조원가는 얼마인가?

풀이

(1) 활동별 원가배분율

활동중심점	활동별 원가	배부기준	활동별 원가배분율
재료처리	₩2,700,000	180,000개	₩15
절 삭	3,600,000	180,000개	₩20
조 립	1,800,000	12,000시	₩150
포 장	2,700,000	9,000개	₩300

(2) 제품별 제조간접비 배분

구 분	일반형		특수형	
재료처리	90,000개×₩15=	₩1,350,000	90,000개×₩15=	₩1,350,000
절 삭	90,000개×₩20=	1,800,000	90,000개×₩20=	1,800,000
조 립	6,000시간×₩150=	900,000	6,000시간×₩150=	900,000
포 장	6,000개×₩300=	1,800,000	3,000개×₩300=	900,000
합 계		5,850,000		4,950,000

(3) 단위당 제조원가

구 분	일반형	특수형
직접재료원가	₩6,000,000	₩6,000,000
직접노무원가	3,000,000	3,000,000
제 조 간 접 비	5,850,000	4,950,000
총 제 조 원 가	14,850,000	13,950,000
생 산 량	6,000개	3,000개
단위당제조원가	**₩2,475**	**₩4,650**

제 3 장

개별원가계산

핵심요약 개별원가계산의 의의

01 다양한 원가계산제도

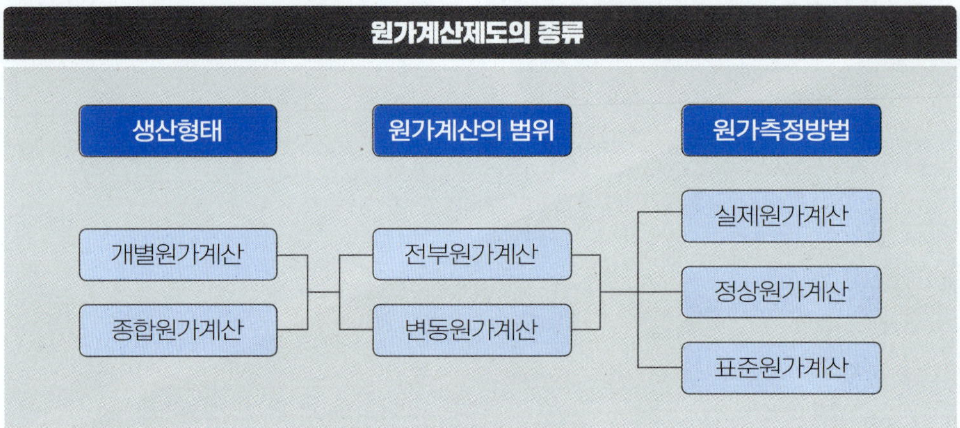

☞ 개별원가계산 : **다품종소량생산 방식에 적합**한 원가계산방법

☞ 종합원가계산 : **소품종대량생산 방식에 적합**한 원가계산방법

02 개별원가계산의 개요

☞ 개별원가계산 : 종류를 달리하는 제품 또는 프로젝트를 개별적으로 생산 혹은 제작하는 형태에 적용하는 원가계산방법

☞ 개별원가계산은 조선업, 기계제작업, 플랜트건설업 등과 같이 **수요자의 주문에 기초하여 수요자의 요구에 따라 개별적으로 제품을 생산하는 업종에서 주로 사용됨**

직접원가와 간접원가의 흐름

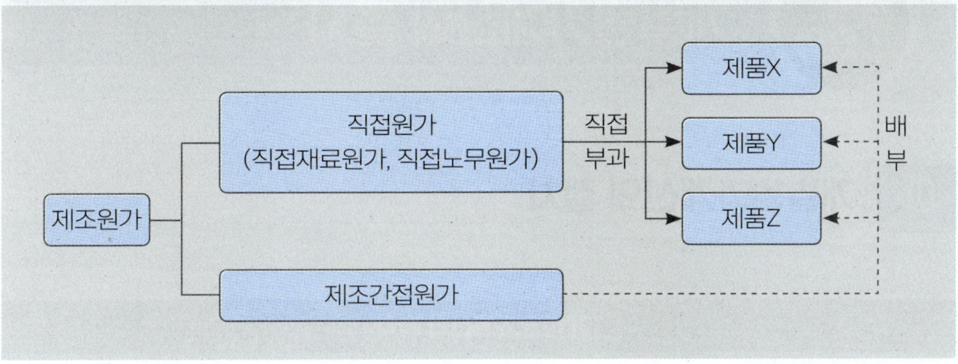

핵심요약 개별원가계산의 절차

01 개별원가계산의 절차

개별원가계산의 절차

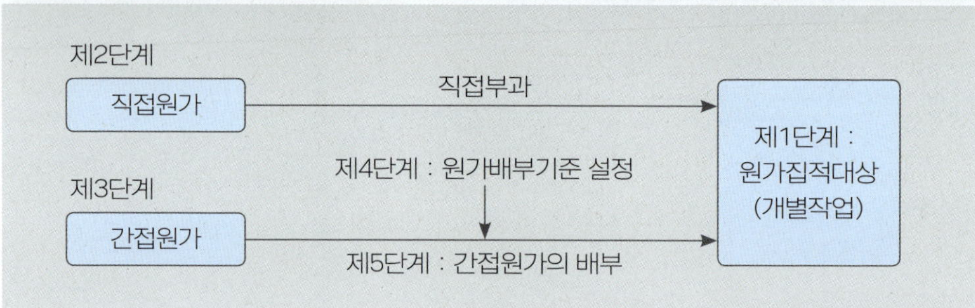

$$\text{제조간접원가 배부율} = \frac{\text{총제조간접원가}}{\text{배부기준(조업도)}}$$

예제

개별원가계산

(주)민준해양은 당기에 영업을 개시하였다. 다음의 세 가지 작업에 대한 제조원가 및 기타의 자료는 다음과 같다.

	작업#1 여객선	작업#2 화물선	작업#3 군함	합계
직 접 재 료 비	₩300,000	₩450,000	₩250,000	₩1,000,000
직 접 노 무 비	120,000	220,000	160,000	500,000
기계가동시간	80시간	100시간	70시간	250시간
직접노동시간	120시간	220시간	160시간	500시간

당기 중 제조간접비 발생액은 ₩300,000이다.

[물음1] 제조간접비를 기계가동시간을 기준으로 배부할 경우 제조간접비배분율을 계산하고, 제조간접비를 배분하여 각 작업별 제조원가를 계산하시오.

[물음2] 제조간접비를 직접노동시간을 기준으로 배부할 경우 제조간접비배분율을 계산하고, 제조간접비를 배분하여 각 작업별 제조원가를 계산하시오.

풀이

[물음1] 기계가동시간 이용시

(1) 제조간접원가 배부율 $= \dfrac{₩300{,}000}{250\text{시간}} = ₩1{,}200/\text{기계가동시간}$

(2) 작업별 제조원가

	작업#1 여객선	작업#2 화물선	작업#3 군함	합계
직 접 재 료 비	₩300,000	₩450,000	₩250,000	₩1,000,000
직 접 노 무 비	120,000	220,000	160,000	500,000
제 조 간 접 비	96,000	120,000	84,000	300,000
합 계	**516,000**	**790,000**	**494,000**	1,800,000

[물음2] 직접노동시간 이용시

(1) 제조간접원가 배부율 $= \frac{₩300,000}{500시간} =$ ₩600/직접노동시간

(2) 작업별 제조원가

	작업#1 여객선	작업#2 화물선	작업#3 군함	합계
직 접 재 료 비	₩300,000	₩450,000	₩250,000	₩1,000,000
직 접 노 무 비	120,000	220,000	160,000	500,000
제 조 간 접 비	72,000	132,000	96,000	300,000
합 계	**492,000**	**802,000**	**506,000**	1,800,000

02 공장전체 배부율 vs. 부문별 배부율

(1) 공장전체 제조간접원가 배부율

공장전체 제조간접원가 배부율 $= \frac{\text{공장전체 제조간접원가}}{\text{공장전체의 배부기준}}$

☞ 공장전체 제조간접원가 배부율을 사용할 경우 **원가집계와 배부과정이 간단하다는 장점이 있지만, 원가계산이 부문별 제조간접원가 배부율을 사용할 경우보다 부정확하다는 단점**이 있음

(2) 부문별 제조간접원가 배부율

부문별 제조간접원가 배부율 $= \frac{\text{부문별 제조간접원가}}{\text{부문별 배부기준}}$

☞ **부문별 제조간접원가 배부율**을 사용할 경우 각 부문의 특성과 원가발생 간의 인과관계를 반영할 수 있기 때문에 **보다 정확한 원가배부를 할 수 있는 장점이 있지만, 원가계산절차가 복잡하다는 단점**이 있음

예제

공장전체 배분율 vs. 부분별 배분율

(주)민준은 X, Y 두 개의 제조부문을 이용하여 제품을 생산한다.
당기의 제조간접비 원가발생자료는 다음과 같다.

	X 부문	Y 부문	합 계
제조간접원가	₩3,000,000	₩2,500,000	₩5,500,000
직접노동시간	1,000시간	1,000시간	2,000시간

한편 당기 중 착수되어 완성된 작업 #101, #102의 직접노동시간은 다음과 같다.

작 업	X 부문	Y 부문	합 계
#101	25시간	10시간	35시간
#102	30시간	20시간	50시간

[물음1] 공장전체 제조간접원가 배부율을 사용하여 제조간접원가를 배부한다고 할 때 작업 #101과 #102에 배부되는 제조간접원가를 계산하시오.

[물음2] 부문별 제조간접원가 배부율을 사용하여 제조간접원가를 배부한다고 할 때 작업 #101과 #102에 배부되는 제조간접원가를 계산하시오.

풀이

[물음1] 공장전체 제조간접원가 배부율

$$제조간접원가\ 배부율 = \frac{₩5,500,000}{2,000시간} = ₩2,750/직접노동시간$$

- 작업 #101의 제조간접원가 배부액=35시간×₩2,750=**₩96,250**
- 작업 #102의 제조간접원가 배부액=50시간×₩2,750=**₩137,500**

[물음2] 부문별 제조간접원가 배부율

내 용	X 부문	Y 부문	합 계
부문별 제조간접원가 배부율	₩3,000,000÷1,000시간 =₩3,000	₩2,500,000÷1,000시간 =₩2,500	-
작업 #101의 제조간접원가 배부액	₩3,000×25시간 =₩75,000	₩2,500×10시간 =₩25,000	₩100,000
작업 #102의 제조간접원가 배부액	₩3,000×30시간 =₩90,000	₩2,500×20시간 =₩50,000	₩140,000

핵심 요약 정상원가계산

01 정상원가계산의 의의

(1) 정상원가계산의 정의

☞ 정상원가계산 : **기본원가(직접재료원가와 직접노무원가)는 실제원가를 집계하고 제조간접원가는 예정배부**하는 원가계산 방법으로 개별원가계산과 결합되어 자주 사용됨

(2) 정상원가계산의 장점과 단점

① 장점

신속한 제품원가계산을 통해 경영자에게 **적시성 있는 정보를 제공**함과 동시에 **제조간접원가 배부차이를 분석하여 경영자의 의사결정과 성과통제에 이용**할 수 있다는 장점이 있음

② 단점

제조간접원가 예정배부율을 비합리적으로 설정하는 경우 바람직하지 못한 관리적 정보를 제공할 수 있으며, **외부공시를 위해 정상원가계산의 결과를 실제원가계산으로 전환하는 절차를 수행하는 번거로움**이 있다는 단점이 있음

02 정상개별원가계산과 실제개별원가계산의 비교

(1) 제조간접원가 배부율의 차이

① 실제개별원가 제조간접원가 배부율

$$\text{실제 제조간접원가 배부율} = \frac{\text{실제 제조간접원가}}{\text{실제 조업도}}$$

② 정상개별원가 제조간접원가 배부율

$$\text{제조간접원가 예정배부율} = \frac{\text{제조간접원가 예산}}{\text{예정 조업도}}$$

(2) 제조간접원가 배부차이

실제개별원가계산 : 실제 조업도 × 실제 제조간접원가배부율 = 실제 제조간접원가
→ 배부차이 없음

정상개별원가계산 : 실제 조업도 × 제조간접원가 예정배부율 ≠ 실제 제조간접원가
→ 배부차이 발생

03 제조간접원가 배부차이

(1) 제조간접원가 배부차이의 의의

☞ 정상원가계산에서는 재공품계정의 차변에 제조간접원가가 예정배부되므로 사후적으로 집계된 실제 제조간접원가와 금액이 일치하지 아니함

→ 이러한 **제조간접원가 예정배부액과 실제 제조간접원가 금액 간의 차이를 제조간접원가 배부차이**라고 함

(2) 배부차이의 종류

제조간접원가 배부차이

■ 과소배부가 발생하는 경우 : 실제발생액 > 예정배부액

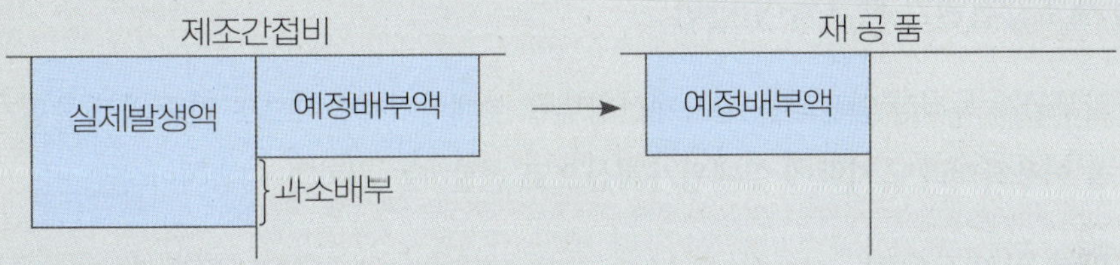

■ 과대배부가 발생하는 경우 : 실제발생액 < 예정배부액

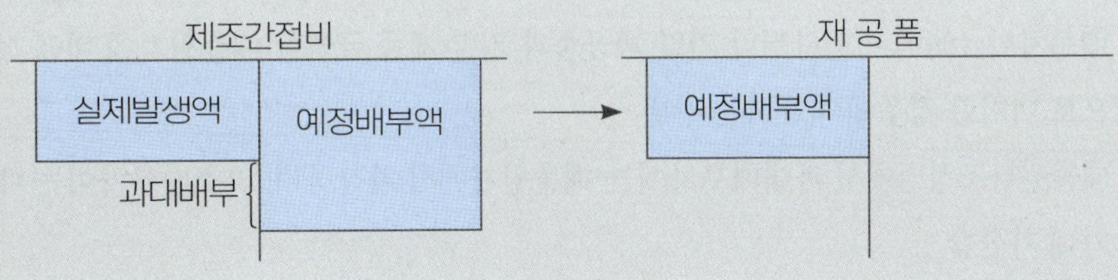

예제

제조간접비 예정배부 차이

(주)민준은 정상원가계산제도를 채택하고 있다. 20×1년에 제품 2,350개를 생산하였는데 제조간접비 실제발생액은 ₩176,000이었다. 직접노무시간을 제조간접비 배부기준으로 사용하고 있는데 월간 예상조업수준은 20,000직접노무시간, 월간 예상제조간접비는 ₩160,000이다. 제품단위당 실제직접노무시간은 10시간일 때, 제조간접비 배부차이는 얼마인가?

풀이

1) 예정배부율 : 160,000/20,000시간=₩8/시간
2) 예정배부액 : 2,350개×10시간×₩8/시간=₩188,000
∴ 제조간접비 배부차이 : 188,000−176,000=**₩12,000 과대배부**

(3) 제조간접원가 배부차이 방법

☞ 외부공시 목적상 인정되는 원가계산방법은 실제원가계산이므로 **기중에 정상원가계산을 이용하더라도 기말에 실제원가계산으로 전환**하는 절차를 수행해야 함

① 매출원가조정법

☞ 매출원가조정법 : **제조간접원가 배부차이를 매출원가계정에서만 조정하는 방법으로 배부차이금액이 미미하거나 기말 재공품과 기말 제품 금액이 매출원가에 비해 상대적으로 미미한 경우에 사용**하는 방법

☞ 매출원가조정법에서 **과대배부차이는 매출원가에서 차감**하며, **과소배부차이는 매출원가에 가산함**

② 비례배분법

☞ 비례배분법 : **제조간접원가 배부차이를 기말재공품, 기말제품, 매출원가 금액에 비례하여 안분 조정하는 방법**으로, **제조간접원가 배부차이의 금액이 크거나 중요한 경우에 사용**하는 방법

☞ 총원가 비례배분법 : **기말재공품, 기말제품 및 매출원가의 총금액을 기준**으로 배부차이를 안분 조정하는 방법

☞ 원가요소 비례배분법 : **기말재공품, 기말제품 및 매출원가 금액 중 제조간접원가 배부액만을 기준**으로 배부차이를 안분 조정하는 방법

☞ **유리한 차이는 기말재공품, 기말제품 및 매출원가에서 차감하며, 불리한 차이는 기말재공품, 기말제품 및 매출원가에 가산함**

③ 영업외손익법

☞ 영업외손익법 : **제조간접원가 배부차이를 영업외손익으로 처리**하는 방법으로 **제조간접원가 배부차이가 비정상적인 원인으로 발생하였거나 금액이 미미한 경우**에 사용하는 방법

☞ **과대배부차이는 영업외수익으로 회계처리**되며, **과소배부차이는 영업외비용**으로 회계처리됨

제조간접원가 배부차이 방법

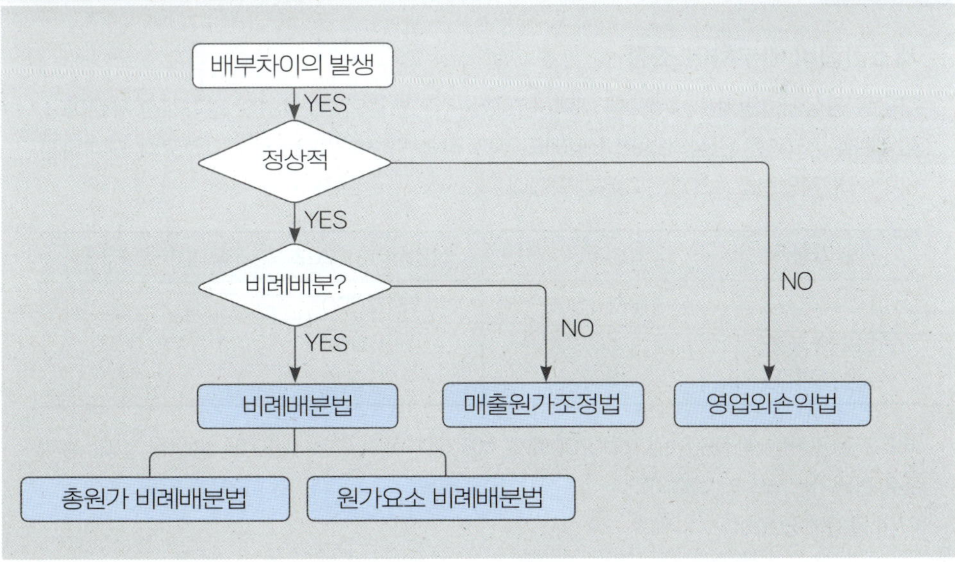

실제개별원가계산 vs. 정상개별원가계산

구 분	실제개별원가계산	정상개별원가계산
직접재료원가	실제발생액	실제발생액
직접노무원가	실제발생액	실제발생액
제조간접원가	실제조업도 × 실제배부율	실제조업도 × 예정배부율
제조간접원가 배분율	$\frac{\text{실제 제조간접원가 발생액}}{\text{실제 조업도}}$	$\frac{\text{제조간접원가 예산액}}{\text{예정 조업도}}$
제조간접원가 배부차이	배부차이 없음	배부차이 발생
제조간접원가 배부차이 방법	N/A	① 매출원가조정법 ② 비례배분법 (총원가, 원가요소별) ③ 영업외손익법

예제

제조간접비 배부차이 조정

다음은 정상개별원가계산제도를 채택하고 있는 (주)민준의 20×1년도 원가계산 자료이다. 작업번호 #101은 완성되었으며 판매되었고, 작업번호 #202는 완성되었으나 판매되지 않았으며, 작업번호 #303은 미완성되었다.

원가항목	작업번호 #101	작업번호 #202	작업번호 #303
기 초 재 공 품	₩20,000	₩15,000	–
직 접 재 료 원 가	40,000	10,000	₩5,000
직 접 노 무 원 가	30,000	25,000	15,000

제조간접원가는 직접노무원가의 200%를 예정배부하며, 20×1년도에 발생한 실제 총제조간접원가는 ₩110,000이다.
다음 물음에 답하시오.

[물음1] 제조간접원가의 배부차이를 매출원가에서 전액 조정(매출원가조정법)한다고 할 때, 제조간접원가 배부차이를 조정하시오.

[물음2] 제조간접원가의 배부차이를 총원가기준으로 조정(총원가 비례배분법)한다고 할 때, 제조간접원가 배부차이를 조정하시오.

풀이

[물음1] 매출원가조정법

1) 제조간접비 예정배부액 : (30,000+25,000+15,000)×200%=₩140,000

2) 배부차이 : 140,000−110,000=₩30,000 과대배부

원가항목	#101 (매출원가)	#202 (기말제품)	#303 (기말재공품)	합계
기초재공품	₩20,000	₩15,000	−	35,000
직접재료원가	40,000	10,000	₩5,000	55,000
직접노무원가	30,000	25,000	15,000	70,000
제조간접비	60,000	50,000	30,000	140,000
총원가(배부 전)	150,000	100,000	50,000	300,000
배부차이 조정	(30,000)	−	−	(30,000)
총원가(배부 후)	**120,000**	**100,000**	**50,000**	270,000

[물음2] 총원가 비례배분법

1) 제조간접비 예정배부액 : (30,000+25,000+15,000)×200%=₩140,000

2) 배부차이 : 140,000−110,000=₩30,000 과대배부

원가항목	#101 (매출원가)	#202 (기말제품)	#303 (기말재공품)	합계
기초재공품	₩20,000	₩15,000	−	35,000
직접재료원가	40,000	10,000	₩5,000	55,000
직접노무원가	30,000	25,000	15,000	70,000
제조간접비	60,000	50,000	30,000	140,000
총원가(배부 전)	150,000 (50%)	100,000 (33.33%)	50,000 (16.67%)	300,000
배부차이 조정	(15,000)	(10,000)	(5,000)	(30,000)
총원가(배부 후)	**135,000**	**90,000**	**45,000**	270,000

제 4 장

종합원가계산

핵심 요약 종합원가계산의 기본개념

01 종합원가계산의 의의

☞ 종합원가계산 : **단일 종류의 제품을 연속적으로 대량생산**하는 업종에 적합한 원가계산방법

☞ 이 방법은 동일한 과정을 거쳐서 생산된 제품은 동질적이기 때문에 **각 제품의 단위당 원가 역시 동일하다고 가정함**

02 종합원가계산의 흐름

☞ 종합원가계산에서는 각 **제조공정별로 제조원가를 집계**하고, 일정기간 동안 그 **공정에서 생산된 완성품과 미완성된 기말재공품에 제조원가를 배분**하여 **당기제품제조원가와 기말재공품원가를 계산함**

03 종합원가계산의 특징

- 특정기간 동안 **특정공정에서 생산된 제품은 단위당 원가가 동일하다고 가정**한다.
- 원가의 집계가 개별작업별로 이루어지는 것이 아니라 공정별로 이루어지기 때문에 개별작업별로 작업지시서를 작성할 필요는 없다.
- 원가통제와 성과평가가 개별작업별로 이루어지는 것이 아니라 공정별로 이루어진다.

04 종합원가계산과 개별원가계산의 비교

개별원가계산과 종합원가계산의 비교

	개별원가계산	종합원가계산
적용생산 형태	• 고객의 주문에 따라 제품을 생산하는 **주문생산형태**에 적용됨.	• 표준규격제품을 **연속적으로 대량생산**하는 형태에 적용됨.
적용생산 형태의 특징	• 제조과정을 통하여 **특정제품이 다른 제품과 구분**되어 가공됨. • 동일한 제품이 재생산되는 경우가 없음.	• **제품이 동일규격**이기 때문에 제조과정을 통하여 동일하게 가공됨. • 동일규격의 제품이 반복하여 생산됨.
원가보고서의 작성	• 각 작업별로 작성함.	• 각 공정별로 작성함.

핵심요약 종합원가계산의 절차

1단계 : 각 공정의 물량흐름 파악

↓

2단계 : 원가요소별 완성품환산량 계산

↓

3단계 : 원가요소별 원가배분대상액 파악

↓

4단계 : 원가요소별 완성품환산량 단위당 원가계산

↓

5단계 : 완성품원가와 기말재공품원가 계산

01 물량흐름의 파악

당기투입량=당기완성품수량+기말재공품수량

02 완성품환산량 계산

☞ 종합원가계산에서는 완성도가 다른 재공품과 완성품에 **원가를 배분하는 기준으로 완성품환산량이라는 공통의 척도를 사용함**

☞ 완성품환산량 : **그 기간에 투입된 모든 재료 및 비용이 완성품화되었다면 생산되었을 완성품의 수량**으로, 공정에서의 모든 노력을 완성품으로 환산하였을 경우 몇 단위가 완성되었는지를 측정한 단위를 말함

완성품환산량=물량×완성도

완성품총환산량=당기완성품수량+기말재공품 완성품환산량*
* 기말재공품 완성품환산량=기말재공품수량×완성도

예제

완성품환산량의 계산

(주)민순은 단일공정에서 단일제품을 대량으로 생산하고 있다. 직접재료는 공정의 착수시점에 전액 투입하며, 가공원가는 공정 전반에 걸쳐 균등하게 발생한다.
공정에 대한 자료는 다음과 같다.

기초재공품	없음
당기투입량	150,000개
당기투입원가 :	
직접재료원가	₩1,500,000
가공원가	₩1,485,000
당기완성량	120,000개
기말재공품 : 수 량	30,000개
가공원가의 완성도	50%

다음 물음에 답하시오.

[물음] 직접재료원가와 가공원가 각각에 대해 완성품환산량을 구하시오.

풀이

기말재공품의 공정이 50%만큼 진행되었으므로 직접재료원가의 완성도는 100%, 가공원가의 완성도는 50%이다. 직접재료원가의 완성도가 100%인 이유는 재료가 공정착수시점에 전액 투입되었기 때문이다.

	(1단계)	(2단계) 완성품환산량	
	물량흐름	직접재료원가	가공원가
당기투입량	150,000개		
당기완성량	120,000개	120,000개 (100%)	120,000개 (100%)
기말재공품	30,000개	30,000개 (100%)	15,000개 (50%)
합 계	150,000개	**150,000개**	**135,000개**

03 원가배분대상액의 파악

☞ 기초재공품이 없다면 당기투입된 원가의 총계가 원가배분대상액이 됨

☞ 원가배분대상액 파악시 재공품계정의 재료원가와 가공원가를 분리해야 함

04 원가요소별 완성품환산량 단위당 원가계산

$$\text{완성품환산량 단위당 직접재료원가} = \frac{\text{총직접재료원가}}{\textbf{직접재료원가 완성품환산량}}$$

$$\text{완성품환산량 단위당 가공원가} = \frac{\text{총가공원가}}{\textbf{가공원가 완성품환산량}}$$

05 완성품원가와 기말재공품원가 계산

완성품원가=당기완성품수량×완성품환산량 단위당 원가
기말재공품원가=기말재공품 완성품환산량×완성품환산량 단위당 원가

예제

완성품원가와 기말재공품원가(기초재공품이 없는 경우)

(주)민준은 단일공정에서 단일제품을 대량으로 생산하고 있다. 직접재료는 공정의 착수시점에 전액 투입하며, 가공원가는 공정 전반에 걸쳐 균등하게 발생한다.
공정에 대한 자료는 다음과 같다.

기초재공품	없음
당기투입량	150,000개
당기투입원가 :	
직접재료원가	₩1,500,000
가공원가	₩1,485,000
당기완성량	120,000개
기말재공품 : 수 량	30,000개
가공원가의 완성도	50%

다음 물음에 답하시오.

[물음] 완성품원가와 기말재공품원가를 계산하시오.

풀이

	(1단계)	(2단계) 완성품환산량	
	물량흐름	직접재료원가	가공원가
당기투입량	150,000개		
당기완성량	120,000개	120,000개 (100%)	120,000개 (100%)
기말재공품	30,000개	30,000개 (100%)	15,000개 (50%)
합　계	150,000개	150,000개	135,000개

(3단계)	합 계	직접재료원가	가공원가
당기투입원가	₩2,985,000	₩1,500,000	₩1,485,000
(4단계)			
완성품환산량		÷150,000개	÷135,000개
완성품환산량 단위당 원가		₩10	₩11
(5단계) 원가배분			
완성품원가	₩2,520,000	₩1,200,000*	₩1,320,000
기말재공품원가	465,000	300,000	165,000**
합 계	₩2,985,000	₩1,500,000	₩1,485,000

* 120,000개×₩10=₩1,200,000

** 15,000개×₩11=₩165,000

핵심 요약 종합원가계산의 방법

☞ 기초재공품이 없는 경우 : **원가흐름에 대한 가정이 필요 없음**

☞ 기초재공품이 있는 경우 : 기초재공품원가와 당기투입원가를 완성품과 기말재공품에 배분하기 위해서 **원가흐름에 대한 일정한 가정이 필요함**

→ 원가흐름의 가정 : **평균법, 선입선출법**

01 평균법

(1) 평균법의 개념

☞ 평균법 : **기초재공품원가와 당기제조원가를 구별하지 않고 이를 가중평균**하여 당기완성품과 기말재공품원가를 계산하는 방법

→ 당기 이전에 이미 제조에 착수한 **기초재공품을 당기에 착수하였다고 가정함**

평균법의 원가흐름

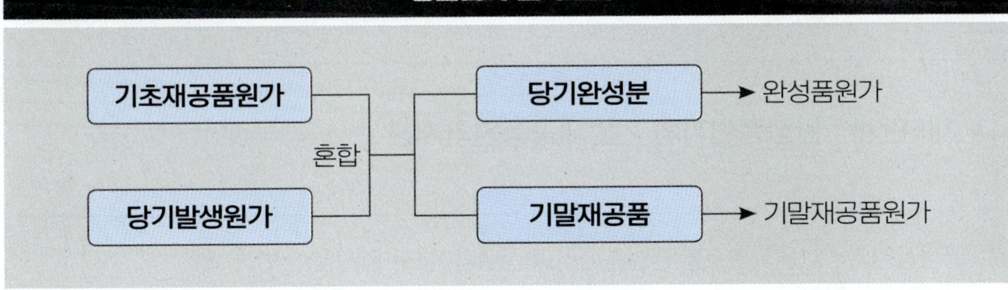

(2) 평균법의 절차

■ **제1단계 : 물량흐름의 파악**

기초재공품수량+당기투입량=당기완성품수량+기말재공품수량

■ **제2단계 : 완성품환산량의 계산**

완성품환산량=당기완성품수량+기말재공품수량×완성도

■ **제3단계 : 원가배분대상액의 파악**

총원가=**기초재공품원가**+당기투입원가

■ **제4단계 : 원가요소별 완성품환산량 단위당 원가계산**

$$\text{원가요소별 완성품환산량 단위당원가} = \frac{\text{원가요소별 기초재공품원가} + \text{원가요소별 당기투입원가}}{\text{원가요소별 총완성품환산량}}$$

■ **제5단계 : 완성품원가와 기말재공품원가계산**

- 완성품원가=Σ(원가요소별 완성품환산량 단위당 원가×완성품수량)
- 기말재공품원가
  =Σ(원가요소별 완성품환산량 단위당 원가×기말재공품의 원가요소별 완성품환산량)

예제

평균법에 의한 종합원가계산

(주)민준은 종합원가계산제도를 채택하고 있으며, 물량의 흐름 및 원가관련정보는 다음과 같다. 한편, 직접재료는 공정착수시점에 투입되고 가공원가는 전 공정을 통하여 균등하게 발생한다.

기초재공품 2,000개(완성도 80%)
당기착수량 18,000개
당기완성품 15,000개
기말재공품 5,000개(완성도 60%)

당기발생원가
재료원가 ₩245,000
가공원가 ₩186,000

기초재공품원가
재료원가 ₩15,000
가공원가 ₩30,000

[물음] 원가흐름의 가정이 평균법이라고 가정할 때, 당기 완성품원가와 기말재공품원가를 계산하시오.

풀이

(1단계) 물량흐름의 파악

기초재공품	2,000개	당기완성	15,000개
당기착수	18,000개	기말재공품	5,000개
	20,000개		20,000개

(2단계) 완성품환산량의 계산

구분	물량(완성도)	재료원가	가공원가
완성품	15,000개(100%)	15,000개	15,000개
기말재공품	5,000개(60%)	5,000개	3,000개
완성품환산량		20,000개	18,000개

(3단계) 원가배분대상액의 파악

	합 계	재료원가	가공원가
기초재공품원가	₩45,000	₩15,000	₩30,000
당 기 발 생 원 가	431,000	245,000	186,000
계	₩476,000	₩260,000	₩216,000

(4단계) 원가요소별 완성품환산량 단위당 원가의 계산

	재료원가	가공원가
원가합계	₩260,000	₩216,000
완성품환산량	÷20,000개	÷18,000개
완성품환산량 단위당 원가	₩13	₩12

(5단계) 완성품의 총원가와 기말재공품의 원가계산

	재료원가	가공원가		
완 성 품 원 가	15,000×₩13	15,000×₩12	=	**₩375,000**
기말재공품원가	5,000×₩13	3,000×₩12	=	**101,000**
				₩476,000

02 선입선출법

(1) 선입선출법의 개념

☞ 선입선출법 : **기초재공품을 먼저 가공하여 완성시킨 후에 당기착수량을 가공한다는 가정**에 따라 당기완성품과 기말재공품원가를 계산하는 방법

선입선출법의 원가흐름

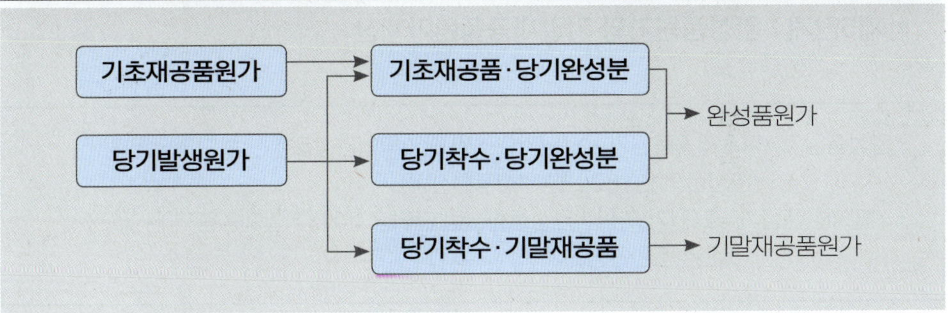

(2) 선입선출법의 절차

■ **제1단계 : 물량흐름의 파악**

기초재공품수량+당기투입량=당기완성품수량+기말재공품수량

■ **제2단계 : 완성품환산량의 계산**

완성품환산량=기초재공품수량×(1−전기완성도)+당기착수완성품수량 +기말재공품수량×기말재공품완성도

■ **제3단계 : 원가배분대상액의 파악**

☞ 기초재공품원가는 총액으로, 당기투입원가는 원가요소별로 파악함

→ **기초재공품원가는 총액으로 완성품원가에 우선적으로 포함**되는 반면에, 당기투입원가는 원가요소별로 완성품과 기말재공품에 배분되어야 하기 때문임

■ 제4단계 : 원가요소별 완성품환산량 단위당 원가계산

$$\text{원가요소별 완성품환산량 단위당 원가} = \frac{\text{원가요소별 } \textbf{당기투입총원가}}{\text{원가요소별 총완성품환산량}}$$

■ 제5단계 : 완성품원가와 기말재공품원가계산

- 완성품원가=기초재공품원가+Σ(원가요소별 당기투입완성품환산량 단위당 원가 ×완성품의 원가요소별 완성품환산량)
- 기말재공품원가=Σ(원가요소별 완성품환산량 단위당 원가×기말재공품의 원가요소별 완성품환산량)

예제

선입선출법에 의한 종합원가계산

(주)민준은 종합원가계산제도를 채택하고 있으며, 물량의 흐름 및 원가관련정보는 다음과 같다. 한편, 직접재료는 공정착수시점에 투입되고 가공원가는 전 공정을 통하여 균등하게 발생한다.

기초재공품	200개 (완성도 60%)
당기착수량	2,400개
당기완성품	2,000개
기말재공품	600개 (완성도 70%)
당기발생원가	
재료원가	₩480,000
가공원가	₩345,000
기초재공품원가	
재료원가	₩180,000
가공원가	₩70,000

[물음] 원가흐름의 가정이 선입선출법이라고 가정할 때, 당기 완성품원가와 기말재공품원가를 계산하시오.

풀이

(1단계) 물량흐름의 파악

재 공 품

기초재공품	200개	당 기 완 성	2,000개	기초－완성 200개 / 착수－완성 1,800개
당 기 착 수	2,400개	기말재공품	600개	
	2,600개		2,600개	

(2단계) 완성품환산량의 계산

구 분	물 량	재료원가	가공원가
기 초 －완 성	200개(60%)	0개	80개*
당 기 착 수 －완 성	1,800개(100%)	1,800개	1,800개
기말재공품완성품환산량	600개(70%)	600개	420개
		2,400개	2,300개

* 200×(1－0.6)=80

(3단계) 원가배분대상액의 파악

	합 계	재료원가	가공원가
기초재공품원가	₩250,000	₩180,000	₩70,000
당 기 발 생 원 가	825,000	480,000	345,000
계	₩1,075,000	₩660,000	₩415,000

(4단계) 원가요소별 완성품환산량 단위당 원가의 계산

	재료원가	가공원가
당기발생원가	₩480,000	₩345,000
완성품환산량	÷2,400개	÷2,300개
완성품환산량 단위당 원가	₩200	₩150

(5단계) 완성품의 총원가와 기말재공품의 원가 계산

	기초재공품원가	재료원가	가공원가	
완성품원가	₩180,000+₩70,000	1,800×₩200	1,880×₩150	= **₩892,000**
기말재공품원가		600×₩200	420×₩150	= **183,000**
				₩1,075,000

03 평균법과 선입선출법의 비교

평균법과 선입선출법의 완성품환산량 단위당 원가 비교

〈평 균 법〉	〈선입선출법〉
기 초 재 공 품 원 가	
+ 당 기 발 생 원 가	당 기 발 생 원 가
= 총 원 가	
÷ 총 완 성 품 환 산 량	÷ 당 기 완 성 품 환 산 량
= 환 산 량 단 위 당 원 가	= 환 산 량 단 위 당 원 가

평균법과 선입선출법에 의한 종합원가계산의 차이

평 균 법	선 입 선 출 법
• 완성품환산량 산출시 기초재공품은 당기에 착수된 것으로 간주한다. 즉 기초재공품의 완성도를 무시한다. • 원가배분대상액은 기초재공품원가와 당기투입원가의 합계액이다. • 완성품환산량 단위당 원가에는 전기의 원가가 포함되어 있다. • 완성품원가는 당기완성량에 완성품환산량 단위당 원가를 곱한 금액이다.	• 완성품환산량 산출시 기초재공품과 당기투입량을 구분한다. • 기초재공품원가는 완성품원가의 일부가 되며, 당기투입원가는 완성품과 기말재공품에 배분한다. • 완성품환산량 단위당 원가는 당기투입원가로만 구성된다. • 완성품원가는 기초재공품원가와 당기투입원가 중 완성분으로 구분된다.

핵심 요약 공손이 발생하는 경우의 종합원가계산

01 공손의 의의

(1) 공손의 정의

☞ 공손품 : 품질이나 규격이 일정한 수준에 미달하는 **불합격품**

(2) 정상공손과 비정상공손

① 정상공손
- 효율적인 생산과정에서 불가피하게 발생하는 공손
- 통제불능 공손 → 제품원가에 포함

② 비정상공손
- 효율적인 생산과정에서 회피가능한 공손
- 통제가능 공손 → 영업외비용으로 처리

02 공손수량의 파악

☞ **정상공손수량을 먼저 파악한 후 총공손수량에서 정상공손수량을 차감하여 비정상공손수량을 계산**하는 순서로 파악함

(1) 정상공손수량의 파악

정상공손수량=검사시점을 통과한 합격품×정상공손허용률(%)

☞ 정상공손수량은 물량파악의 일부이므로 실제물량흐름에 근거하여야 함

☞ 실제물량흐름은 선입선출법의 원가흐름의 가정과 일치하므로 **선입선출법에 따라 정상공손수량을 파악**해야 함

→ **원가흐름의 가정을 평균법, 선입선출법 중 어느 방법을 선택하는지에 관계없이 정상공손수량은 선입선출법에 따라 파악**해야 함

(2) 비정상 공손수량

비정상공손수량=총공손수량−정상공손수량

예제

공손품 수량

(주)민준은 종합원가계산제도를 채택하고 있으며, 물량의 흐름은 다음과 같다. 한편, 직접재료는 공정착수시점에 투입되고 가공원가는 전 공정을 통하여 균등하게 발생한다. 또한, 회사는 특정 시점에 품질검사를 실시하며, 합격한 수량의 10%를 정상공손으로 분류하고 있다.

기초재공품	800개 (완성도 30%)
당기완성품	2,000개
공손품	400개
기말재공품	1,600개 (완성도 80%)

다음의 각 물음별로 정상공손품 수량과 비정상공손품 수량을 계산하시오.

[물음1] 20% 시점에서 품질검사를 실시함
[물음2] 50% 시점에서 품질검사를 실시함
[물음3] 100% 시점에서 품질검사를 실시함

풀이

[물음1] 20% 시점에서 품질검사

(1단계) 물량흐름의 파악

재 공 품

기초재공품(30%)	800개	당 기 완 성	2,000개
		정 상 공 손	X개
		비 정 상 공 손	400−X개
당 기 착 수	3,200개	기말재공품(80%)	1,600개
	4,000개		4,000개

당기완성 2,000개: 기초−완성 800개, 착수−완성 1,200개

(2단계) 정상공손수량의 계산

① 정상공손수량=(1,200개+1,600개)×10%=**280개**

② 비정상공손수량=400개−280개=**120개**

[물음2] 50% 시점에서 품질검사

(1단계) 물량흐름의 파악

[물음1]과 동일함

(2단계) 정상공손수량의 계산

① 정상공손수량=(800개+1,200개+1,600개)×10%=**360개**

② 비정상공손수량=400개−360개=**40개**

[물음3] 100% 시점에서 품질검사

(1단계) 물량흐름의 파악

[물음1]과 동일함

(2단계) 정상공손수량의 계산

① 정상공손수량=(800개+1,200개)×10%=**200개**

② 비정상공손수량=400개−200개=**200개**

03 정상공손품원가의 배분

(1) 정상공손품원가의 배분원칙

정상공손품원가 → 정상품원가(완성품, 기말재공품)에 배분

(2) 기말재공품이 공손검사시점을 통과하지 않은 경우

기말재공품 완성도 < 검사시점
: 정상공손품원가 → 완성품에만 배분

예제

기말재공품이 공손검사시점을 통과하지 않은 경우

(주)민준은 종합원가계산제도를 채택하고 있으며, 물량의 흐름 및 원가관련정보는 다음과 같다. 한편, 직접재료는 공정착수시점에 투입되고 가공원가는 전 공정을 통하여 균등하게 발생한다.
회사는 공정완료시점에서 검사를 실시하고 있고, 물량의 흐름은 다음과 같다.

기초재공품	1,000개	(완성도 40%)
당기완성품	6,000개	
정상공손수량	1,000개	
비정상공손수량	1,000개	
기말재공품	2,000개	(완성도 20%)

당기발생원가	
재료원가	₩90,000
가공원가	₩72,000
기초재공품원가	
재료원가	₩10,000
가공원가	₩12,000

[물음1] 원가흐름의 가정이 선입선출법이라고 가정할 때, 당기 완성품원가와 기말재공품원가를 계산하시오.

[물음2] 원가흐름의 가정이 평균법이라고 가정할 때, 당기 완성품원가와 기말재공품원가를 계산하시오.

풀이

[물음1] 선입선출법

(1단계) 물량흐름의 파악

재 공 품

기초재공품	1,000개	당 기 완 성	6,000개	기초－완성 1,000개 착수－완성 5,000개
		정 상 공 손	1,000개	
		비정상공손	1,000개	
당 기 착 수	9,000개	기말재공품	2,000개	
	10,000개		10,000개	

(2단계) 완성품환산량의 계산

구 분	물 량	재료원가	가공원가
기 초 －완 성	1,000개(40%)	0개	600개*
당 기 착 수 완 성	5,000개(100%)	5,000개	5,000개
정 상 공 손	1,000개(100%)	1,000개	1,000개
비 정 상 공 손	1,000개(100%)	1,000개	1,000개
기 말 재 공 품	2,000개(20%)	2,000개	400개
완 성 품 환 산 량		9,000개	8,000개

* 1,000개×(1－0.4)=600개

(3단계) 원가배분대상액의 파악

	합 계	재료원가	가공원가
기초재공품원가	₩22,000	₩10,000	₩12,000
당 기 발 생 원 가	162,000	90,000	72,000
계	₩184,000	₩100,000	₩84,000

(4단계) 원가요소별 완성품환산량 단위당 원가의 계산

	재료원가	가공원가
당기발생원가	₩90,000	₩72,000
완성품환산량	÷9,000개	÷8,000개
완성품환산량 단위당 원가	₩10	₩9

(5단계) 완성품의 총원가와 기말재공품의 원가 계산－1차 배분

	기초재공품원가	재료원가	가공원가		
완 성 품 원 가	₩10,000+₩12,000	5,000×₩10	5,600×₩9	=	₩122,400
정 상 공 손 원 가		1,000×₩10	1,000×₩9	=	19,000
비정상공손원가		1,000×₩10	1,000×₩9	=	19,000
기말재공품원가		2,000×₩10	400×₩9	=	23,600
					₩184,000

(6단계) 완성품의 총원가와 기말재공품의 원가계산－2차 배분(정상공손원가의 배분)

	배분 전 원가	정상공손원가 배분	배분 후 원가
완 성 품 원 가	₩122,400	₩19,000*	₩141,400
정 상 공 손 원 가	19,000	(19,000)	0
비정상공손원가	19,000		19,000
기말재공품원가	23,600		23,600
	₩184,000	0	₩184,000

* 기말재공품이 검사시점을 통과하지 못하였으므로 정상공손원가를 모두 완성품원가에 배분함

[물음2] 평균법

(1단계) 물량흐름의 파악

재 공 품

기초재공품	1,000개	당 기 완 성	6,000개
		정 상 공 손	1,000개
		비정상공손	1,000개
당 기 착 수	9,000개	기말재공품	2,000개
	10,000개		10,000개

(2단계) 완성품환산량의 계산

구 분	물 량	재료원가	가공원가
완 성	6,000개(100%)	6,000개	6,000개
정 상 공 손	1,000개(100%)	1,000개	1,000개
비 정 상 공 손	1,000개(100%)	1,000개	1,000개
기 말 재 공 품	2,000개(20%)	2,000개	400개
완 성 품 환 산 량		10,000개	8,400개

(3단계) 원가배분대상액의 파악

	합 계	재료원가	가공원가
기초재공품원가	₩22,000	₩10,000	₩12,000
당기발생원가	162,000	90,000	72,000
계	₩184,000	₩100,000	₩84,000

(4단계) 원가요소별 완성품환산량 단위당 원가의 계산

	재료원가	가공원가
당기발생원가	₩100,000	₩84,000
완성품환산량	÷10,000개	÷8,400개
완성품환산량 단위당 원가	W10	₩10

(5단계) 완성품의 총원가와 기말재공품의 원가 계산－1차 배분

	재료원가	가공원가		
완성품원가	6,000×₩10	6,000×₩10	=	₩120,000
정상공손원가	1,000×₩10	1,000×₩10	=	20,000
비정상공손원가	1,000×₩10	1,000×₩10	=	20,000
기말재공품원가	2,000×₩10	400×₩10	=	24,000
				₩184,000

(6단계) 완성품의 총원가와 기말재공품의 원가계산-2차 배분(정상공손원가의 배분)

	배분 전 원가	정상공손원가 배분	배분 후 원가
완 성 품 원 가	₩120,000	₩20,000*	**₩140,000**
정 상 공 손 원 가	20,000	(20,000)	**0**
비정상공손원가	20,000		**20,000**
기말재공품원가	24,000		**24,000**
	₩184,000	0	**₩184,000**

* 기말재공품이 검사시점을 통과하지 못하였으므로 정상공손원가를 모두 완성품원가에 배분함

(3) 기말재공품이 공손검사시점을 통과한 경우

기말재공품 완성도 > 검사시점
: 정상공손품원가 → 완성품과 기말재공품에 배분

예제

기말재공품이 공손검사시점을 통과한 경우

(주)민준은 종합원가계산제도를 채택하고 있으며, 물량의 흐름 및 원가관련정보는 다음과 같다. 한편, 직접재료는 공정착수시점에 투입되고 가공원가는 전 공정을 통하여 균등하게 발생한다. 회사는 공정의 50% 시점에서 검사를 실시하고 있고, 물량의 흐름은 다음과 같다.

기초재공품	1,000개	(완성도 40%)
당기완성품	2,000개	
정상공손수량	250개	
비정상공손수량	250개	
기말재공품	500개	(완성도 80%)

당기발생원가	
재료원가	₩1,000,000
가공원가	₩1,215,000
기초재공품원가	
재료원가	₩200,000
가공원가	₩110,000

[물음1] 원가흐름의 가정이 선입선출법이라고 가정할 때, 당기 완성품원가와 기말재공품원가를 계산하시오.

[물음2] 원가흐름의 가정이 평균법이라고 가정할 때, 당기 완성품원가와 기말재공품원가를 계산하시오.

풀이

[물음1] 선입선출법

(1단계) 물량흐름의 파악

재 공 품

기초재공품	1,000개	당 기 완 성	2,000개 (기초–완성 1,000개 / 착수–완성 1,000개)
		정 상 공 손	250개
		비정상공손	250개
당 기 착 수	2,000개	기말재공품	500개
	3,000개		3,000개

(2단계) 완성품환산량의 계산

구 분	물 량	재료원가	가공원가
기초–완성	1,000개(40%)	0개	600개*
당기착수–완성	1,000개(100%)	1,000개	1,000개
정상공손	250개(50%)	250개	125개
비정상공손	250개(50%)	250개	125개
기말재공품	500개(80%)	500개	400개
완성품환산량		2,000개	2,250개

* 1,000개×(1−0.4)=600개

(3단계) 원가배분대상액의 파악

	합 계	재료원가	가공원가
기초재공품원가	₩110,000	₩200,000	₩110,000
당기발생원가	2,215,000	1,000,000	1,215,000
계	₩2,325,0000	₩1,200,000	₩1,325,000

(4단계) 원가요소별 완성품환산량 단위당 원가의 계산

	재료원가	가공원가
당기발생원가	₩1,000,000	₩1,215,000
완성품환산량	÷2,000개	÷2,250개
완성품환산량 단위당 원가	₩500	₩540

(5단계) 완성품의 총원가와 기말재공품의 원가 계산－1차 배분

	기초재공품원가	재료원가	가공원가		
완 성 품 원 가	₩310,000	1,000×₩500	1,600×₩540	=	₩1,674,000
정 상 공 손 원 가		250×₩500	125×₩540	=	192,500
비정상공손원가		250×₩500	125×₩540	=	192,500
기말재공품원가		500×₩500	400×₩540	=	466,000
					₩2,525,000

(6단계) 완성품의 총원가와 기말재공품의 원가계산－2차 배분(정상공손원가의 배분)

	배분 전 원가	정상공손원가 배분	배분 후 원가
완 성 품 원 가	₩1,674,000	₩154,000*1	**₩1,828,000**
정 상 공 손 원 가	192,500	(192,500)	**0**
비정상공손원가	192,500		**192,500**
기말재공품원가	466,000	₩38,500*2	**504,500**
	₩2,525,000	0	₩2,525,000

※ 기말재공품이 검사시점을 통과하였으므로 정상공손원가를 완성품원가와 기말재공품원가의 수량 비율로 배분함

*1 ₩192,500×(1,000+1,000)/(1,000+1,000+500)=₩154,000

*2 ₩192,500×500/(1,000+1,000+500)=₩38,500

[물음2] 평균법

(1단계) 물량흐름의 파악

재 공 품

기초재공품	1,000개	당 기 완 성	2,000개
		정 상 공 손	250개
		비정상공손	250개
당 기 착 수	2,000개	기말재공품	500개
	3,000개		3,000개

(2단계) 완성품환산량의 계산

구 분	물 량	재료원가	가공원가
완 성	2,000개(100%)	2,000개	2,000개
정 상 공 손	250개(50%)	250개	125개
비 정 상 공 손	250개(50%)	250개	125개
기 말 재 공 품	500개(80%)	500개	400개
완 성 품 환 산 량		3,000개	2,650개

(3단계) 원가배분대상액의 파악

	합 계	재료원가	가공원가
기초재공품원가	₩110,000	₩200,000	₩110,000
당 기 발 생 원 가	2,215,000	1,000,000	1,215,000
계	₩2,325,0000	₩1,200,000	₩1,325,000

(4단계) 원가요소별 완성품환산량 단위당 원가의 계산

	재료원가	가공원가
당기발생원가	₩1,200,000	₩1,325,000
완성품환산량	÷3,000개	÷2,650개
완성품환산량 단위당 원가	₩400	₩500

(5단계) 완성품의 총원가와 기말재공품의 원가 계산－1차 배분

	재료원가	가공원가		
완 성 품 원 가	2,000×₩400	2,000×₩500	=	₩1,800,000
정 상 공 손 원 가	250×₩400	125×₩500	=	162,500
비정상공손원가	250×₩400	125×₩500	=	162,500
기말재공품원가	500×₩400	400×₩500	=	400,000
				₩2,525,000

(6단계) 완성품의 총원가와 기말재공품의 원가계산 – 2차 배분(정상공손원가의 배분)

	배분 전 원가	정상공손원가 배분	배분 후 원가
완성품원가	₩1,800,000	₩130,000*1	**₩1,930,000**
정상공손원가	162,500	(162,500)	**0**
비정상공손원가	162,500		**162,500**
기말재공품원가	400,000	₩32,500*2	**432,500**
	₩2,525,000	0	₩2,525,000

※ 기말재공품이 검사시점을 통과하였으므로 정상공손원가를 완성품원가와 기말재공품원가의 수량비율로 배분함

*1. ₩162,500×2,000/(2,000+500)=₩130,000

*2. ₩162,500×500/(2,000+500)=₩32,500

제 5 장

결합원가계산

핵심요약 결합제품의 기본개념

01 결합제품의 의의

(1) 결합제품의 정의

☞ 결합제품(연산품) : 하나의 공정에 **공통의 원재료가 투입되어 두 가지 이상의 제품을 동시에 생산**하는 경우 이러한 생산품

예 우유를 원재료로 버터와 치즈를 생산하거나, 원유를 원재료로 휘발유, 등유, 경유 및 중유 등을 생산하는 경우 이러한 제품들이 결합제품의 예시임

(2) 결합제품의 분류

주산품과 부산물

구 분	정 의
주산품	주된 생산목적으로 생산된 제품
부산물	주산품 생산시 부수적으로 생산된 제품으로 주산품에 비해 상대적으로 판매가치가 낮은 제품

02 결합원가계산 용어

(1) 결합원가

☞ 결합제품에 일정한 기준에 따라 배분되어야 하는 원가

(2) 결합공정

☞ 제품을 생산하기 위한 여러 공정 중 결합원가가 집계되는 공정

(3) 분리점

☞ 공통의 원재료가 가공되어 여러 가지 결합제품들로 분리되는 시점

(4) 추가가공원가

☞ 분리점을 통과한 결합제품을 추가로 가공하는 데 투입되는 원가

핵심요약 결합원가계산

01 결합원가 배분방법

(1) 물량기준법

☞ **분리점 이후의 결합제품의 물량**(예를 들어, kg, ℓ, 수량[개] 등)**을 기준으로 결합원가를 배분**하는 방법

(2) 상대적판매가치법

☞ 결합제품이 분리점에서 판매가치를 가지는 경우 **결합원가를 각 결합제품의 분리점에서의 상대적판매가치에 비례해서 배분**하는 방법

(3) 순실현가치법

☞ 결합공정을 통해 생산되는 **결합제품의 최종적인 순실현가치를 기준으로 결합원가를 배분**하는 방법

순실현가치=최종판매가치−추가비용(추가가공원가+추가판매비)

(4) 균등이익률법

☞ 동일공정을 통해 생산되는 결합제품은 수익성이 비슷할 것이라는 가정하에 **결합제품별 매출총이익율이 동일해지도록 결합원가를 배분**하는 방법

기업전체 매출총이익률=개별제품별 매출총이익률

02 추가가공과 관련된 의사결정

- 증분수익(추가가공 후의 판매가치－분리점에서의 판매가치) > 증분비용(추가가공원가)
  → 추가가공하여 판매
- 증분수익(추가가공 후의 판매가치－분리점에서의 판매가치) < 증분비용(추가가공원가)
  → 분리점에서 판매

☞ 주의사항 : **결합원가**는 매몰원가로서 의사결정과 관련이 없는 **비관련원가임**

예제

결합원가 배분 및 추가가공 의사결정

(주)민준은 원유를 정제하여 휘발유와 경유를 생산한다. 휘발유는 다시 추가가공을 통해 고급휘발유로, 경유는 추가가공을 통해 고급경유로 만들어진다. 원가의 발생내역은 다음과 같다.

	결합공정	휘발유 추가가공 공정	경유 추가가공 공정	합 계
원가	₩900,000	₩800,000	₩200,000	₩1,900,000

원유는 1,000리터를 가공하면 휘발유 600리터와 경유 400리터가 생산되고, 추가가공된 고급휘발유는 리터당 ₩2,500, 고급경유는 ₩1,250에 판매된다.
추가가공 전 휘발유는 리터당 ₩2,000에, 경유는 리터당 ₩1,000에 판매된다.
다음 물음에 답하시오.

[물음1] 상대적판매가치법에 의해 결합원가를 배분하시오.
[물음2] 순실현가치법에 의해 결합원가를 배분하시오.
[물음3] 균등이익률법에 의해 결합원가를 배분하시오.
[물음4] 제품은 분리점에서 판매할 수도 있고, 추가가공을 하여 판매할 수도 있다. 추가가공하여 판매하는 것이 유리한지 여부를 각 제품별로 판단하시오.

풀이

[물음1] 상대적판매가치법

제품	상대적판매가치	배분비율	결합원가 배분
휘발유	600×2,000=₩1,200,000	75%	**₩675,000**
경 유	400×1,000=₩400,000	25%	**225,000**
합 계	₩1,600,000	100%	₩900,000

[물음2] 순실현가치법

제품	순실현가치	배분비율	결합원가 배분
휘발유	600×2,500−800,000=₩700,000	70%	**₩630,000**
경 유	400×1,250−200,000=₩300,000	30%	**270,000**
합 계	₩1,000,000	100%	₩900,000

[물음3] 균등이익률법

(1) 제품전체의 매출총이익률$=\frac{1{,}500{,}000+500{,}000-1{,}000{,}000-900{,}000}{1{,}500{,}000+500{,}000}=5\%$

① 총매출액 : 600리터×2,500+400리터×1,250=2,000,000

② 총매출원가 : 1,000,000(추가가공원가)+900,000(결합원가)=1,900,000

(2) 휘발유의 매출총이익률$=\frac{1{,}500{,}000-800{,}000-X(\text{결합원가})}{1{,}500{,}000}=5\%$

① 총매출액 : 600리터×2,500=1,500,000

② 총매출원가 : 800,000(추가가공원가)+X(결합원가)

∴ X(휘발유의 결합원가 배부액)=**₩625,000**

(3) 경유의 매출총이익률$=\frac{500{,}000-200{,}000-Y(\text{결합원가})}{500{,}000}=5\%$

① 총매출액 : 400리터×1,250=500,000

② 총매출원가 : 200,000(추가가공원가)+Y(결합원가)

∴ Y(경유의 결합원가 배부액)=**₩275,000**

[물음4] 추가가공 의사결정

제품	추가가공시의 증분이익	의사결정
휘발유	600×500−800,000=(−)₩500,000	추가가공 ×
경유	400×250−200,000=(−)₩100,000	추가가공 ×

핵심요약 부산물의 회계처리

☞ 부산물 : **주산품 생산시에 부수적으로 생산된 제품**

예 두부 생산시 발생하는 비지

☞ 부산물의 회계처리 : **결합원가를 부산물에 배분하느냐 배분하지 않느냐에 따라 생산기준법과 판매기준법**이 있다.

01 생산기준법 : 결합원가를 부산물에 배분 ○

☞ 생산기준법 : 부산물이 어느 정도의 판매가치를 가지는 경우에 이용하는 회계처리방법으로서 **결합원가 중 부산물의 순실현가치에 해당하는 금액을 우선적으로 부산물에 배분한 후 나머지 금액을 주산품에 배분**하는 방법

☞ 회계처리 예시 : 주산품 A와 B 그리고 부산물 C가 발생하는 경우

① 생산시점

(차) 제　품　A	×××	(대) 재　공　품	×××
제　품　B	×××		
부 산 물 C	×××*		

* 부산물의 순실현가치→ 부산물의 순실현가치만큼 주산품 A, B에 배분되는 결합원가금액은 차감

② 판매시점

(차) 현　　금	×××	(대) 부 산 물 C	×××

02 판매기준법 : 결합원가를 부산물에 배분 ×

☞ 판매기준법 : 부산물이 거의 판매가치를 가지지 아니하는 경우에 이용하는 회계처리 방법으로서 **부산물에 결합원가를 배분하지 아니하고 모든 결합원가를 주산품에만 배분**하는 방법

→ 부산물은 판매시점에 부산물의 순실현가치만큼 잡이익으로 회계처리함

☞ 회계처리 예시 : 주산품 A와 B 그리고 부산물 C가 발생하는 경우

① 생산시점

(차) 제 품 A	×××	(대) 재 공 품	×××
제 품 B	×××		

② 판매시점

(차) 현 금	×××	(대) 잡 이 익	×××*

* 부산물의 순실현가치

예제

부산물의 결합원가 배부

(주)민준은 단일 재료를 이용하여 세 가지 제품 A, B와 부산물 C를 생산하고 있으며, 결합원가계산을 적용하고 있다. 제품 A와 B는 분리점에서 시장이 존재하지 않아 추가가공을 거친 후 판매된다. (주)민준의 20×1년 생산 및 판매관련 자료는 다음과 같다.

구 분	생산량	추가가공원가	리터당 최종 판매가격
A	100리터	5,000	₩200
B	80리터	2,000	₩150
C	100리터	–	₩10

20×1년 동안 결합원가는 ₩7,000이고 결합원가는 순실현가치법을 적용하여 배부한다.

다음 물음에 답하시오.

[물음1] 생산기준법을 이용하여 결합원가를 배부하는 경우 각 제품에 배부되는 결합원가 금액을 계산하시오.

[물음2] 판매기준법을 이용하여 결합원가를 배부하는 경우 각 제품에 배부되는 결합원가 금액을 계산하시오.

풀이

[물음1] 생산기준법

(1) 부산물 C의 순실현가치 : 100리터×10=₩1,000

(2) 제품 A, B에 배분되는 결합원가 : 7,000−1,000=₩6,000

(3) 결합원가의 배분

	순실현가치	배분비율	결합원가 배분
A 제품	100×200−5,000=₩15,000	60%	**₩3,600**
B 제품	80×150−2,000=₩10,000	40%	**2,400**
합 계	₩25,000	100%	₩6,000

☞ 회계처리

① 생산시점

(차)	제 품 A	3,600	(대) 재 공 품	7,000
	제 품 B	2,400		
	부 산 물 C	1,000		

② 판매시점

(차)	현 금	1,000	(대) 부 산 물 C	1,000

[물음2] 판매기준법

(1) 부산물 C의 순실현가치 : 100리터×10=₩1,000

(2) 제품 A, B에 배분되는 결합원가 : ₩7,000(부산물 C는 결합원가에 배분 X)

(3) 결합원가의 배분

	순실현가치	배분비율	결합원가 배분
A 제품	100×200−5,000=₩15,000	60%	**₩4,200**
B 제품	80×150−2,000=₩10,000	40%	**2,800**
합 계	₩25,000	100%	₩7,000

☞ 회계처리

① 생산시점

(차)	제 품 A	4,200	(대)	재 공 품	7,000
	제 품 B	2,800			

② 판매시점

(차)	현 금	1,000	(대)	잡 이 익	1,000

제 6 장

표준원가계산

핵심 요약 표준원가계산의 개요

01 표준원가계산의 의의

(1) 원가측정방법에 따른 원가계산제도

① 실제원가계산 : 직접재료원가, 직접노무원가와 제조간접원가의 모든 제조원가를 실제 발생한 원가로 측정하는 방법

② 정상원가계산 : 직접재료원가와 직접노무원가는 실제 발생한 원가로 측정하지만 제조간접원가는 예정된 배부액으로 원가를 측정하는 방법

③ 표준원가계산 : 제조원가에 대하여 각 원가요소별로 미리 설정해놓은 표준원가로 원가를 측정하는 방법

실제원가계산 vs. 정상원가계산 vs. 표준원가계산

원가요소	실제원가계산	정상원가계산	표준원가계산
직접재료원가	실제원가	실제원가	표준원가
직접노무원가	실제원가	실제원가	표준원가
제조간접원가	실제원가	예정배부액	표준원가

(2) 표준원가계산의 의의

☞ 표준원가 : 특정제품을 생산하는 데 **발생할 것으로 예상되는 원가를 가격표준과 수량표준을 사용하여 사전에 결정**한 것

☞ 표준원가계산제도 : 모든 원가요소에 대해서 **표준이 되는 원가를 미리 산정하고, 이를 실제 발생원가와 비교하여 그 차이를 분석함으로써 원가통제에 도움**이 되도록 하는 원가계산방법

02 표준원가계산의 유용성

(1) 원가관리와 통제

☞ 원가관리 : 달성하고자 하는 목표로서의 합리적인 원가표준을 설정하고 원가의 **실제 발생액을 집계하여 이를 표준과 비교하여 차이를 산출하고, 구체적인 원인별로 차이를 분석**하여 원가관리를 수행하는 담당자에게 적절한 정보를 제공하여 줌으로써 원가능률의 향상을 도모하는 것을 말함

☞ 경영자는 표준원가와 실제원가의 차이 중 중요한 부분에 대해서만 관심을 가지고 개선책을 강구하는 **예외에 의한 관리**를 할 수 있게 됨

☞ **표준원가와 실제원가의 차이를 원가통제의 책임과 관련시켜 효과적인 원가통제**를 수행할 수 있음

☞ 차이분석의 결과는 경영자에게 보고되며 **경영자의 의사결정에 유용한 정보를 제공**해 줌

(2) 성과평가

☞ 표준원가는 조직의 객관적인 목표로 사용될 수 있어 **조직의 생산성을 향상시킬 수 있으며 종업원의 성과평가에도 사용됨**

(3) 회계업무의 간소화 및 원가보고의 신속성

☞ 표준원가를 기준으로 제품원가계산을 하게 되면 재고자산의 수량만 파악되면 원가계산을 할 수 있으므로 **적시에 유용한 정보를 얻을 수 있고 기장업무가 간소해짐**

핵심 요약 원가차이분석의 기초

01 유리한 차이와 불리한 차이

실제원가 < 표준원가 : 유리한 차이(F)
실제원가 > 표준원가 : 불리한 차이(U)

02 가격차이와 능률차이

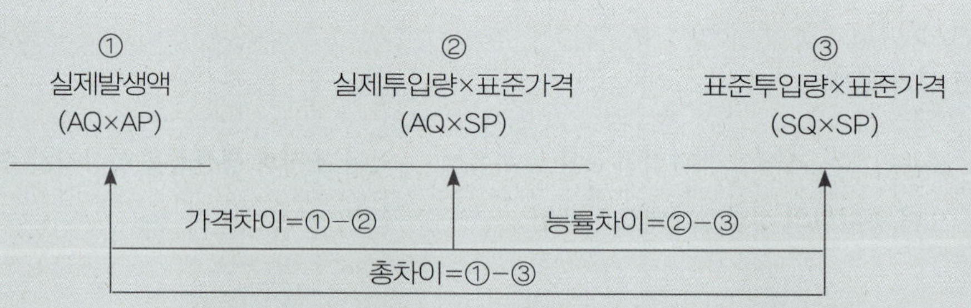

AQ(Actual Quantity) : 실제투입량
AP(Actual Price) : 실제가격
SQ(Standard Quantity) : 실제산출량에 허용된 표준투입량
SP(Standard Price) : 표준가격

핵심요약 원가요소별 차이분석

01 직접재료원가 차이

(1) 가격차이

① 구입시점에서 분리하는 경우

☞ 가격차이를 구입시점에서 분리하는 경우 : **실제 구입수량에 대하여 직접재료원가 가격차이를 계산함**

①	②
실제구입원가 (AQ×AP)	실제구입량×표준가격 (AQ×SP)

가격차이=①−②

AQ : 실제구입량 AP : 단위당 실제구입가격 SP : 단위당 표준가격

② 사용시점에 분리하는 경우

☞ 가격차이를 사용시점에서 분리하는 경우 : 생산에 **실제 투입된 재료수량에 대하여 직접재료원가 가격차이를 계산함**

①	②
실제발생액 (AQ×AP)	실제투입량×표준가격 (AQ×SP)

가격차이=①−②

AQ : 실제사용량 AP : 단위당 실제구입가격 SP : 단위당 표준가격

(2) 능률차이

③ 실제사용량×표준가격 (AQ×SP)		④ 표준투입량×표준가격 (SQ×SP)
	능률차이=③−④	

AQ : 실제사용량　　SP : 단위당 표준가격　　SQ : 실제산출량에 허용된 표준투입량

예제

직접재료비 원가차이 분석

(주)민준은 표준원가계산제도를 채택하고 있으며, 생산활동에 대한 직접재료비 자료는 다음과 같다.

• 예산 제품생산량	1,000개
• 실제 제품생산량	950개
• 원재료 구입량	10,000kg
• 기초 원재료 재고수량	1,000kg
• 기말 원재료 재고수량	2,000kg
• kg당 실제재료원가	₩110
• 제품단위당 원재료 표준투입수량	10kg
• kg당 직접재료원가 표준구입가격	₩100

다음 물음에 답하시오.

[물음1] 직접재료원가 가격차이를 재료의 사용시점에 분리한다고 가정하고 직접재료원가 가격차이와 능률차이를 계산하시오.

[물음2] 직접재료원가 가격차이를 재료의 구입시점에 분리한다고 가정하고 직접재료원가 가격차이와 능률차이를 계산하시오.

풀이

[물음1] 직접재료비 가격차이를 사용시점에서 분리하는 경우

AQ×AP	AQ×SP	SQ×SP
9,000kg×₩110 =₩990,000	9,000kg×₩100 =₩900,000	(950개×10kg)×₩100 =₩950,000

가격차이 ₩90,000(불리)	능률차이 ₩50,000(유리)
총차이 ₩40,000(불리)	

[물음2] 직접재료비 가격차이를 구입시점에서 분리하는 경우

AQ(구입)×AP	AQ(구입)×SP	AQ(사용)×SP	SQ×SP
10,000kg×₩110 =₩1,100,000	10,000kg×₩100 =₩1,000,000	9,000kg×₩100 =₩900,000	(950개×10kg)×₩100 =₩950,000
가격차이 ₩100,000(불리)		능률차이 ₩50,000(유리)	

02 직접노무원가 차이

(1) 가격차이(임률차이)

☞ 직접노무원가 가격차이(임률차이) : 직접노동시간당 실제임률과 직접노동시간당 표준임률과의 차이

(2) 능률차이

☞ 직접노무원가 능률차이 : 실제발생한 직접노동시간과 실제생산량에 허용된 표준직접노동시간과의 차이

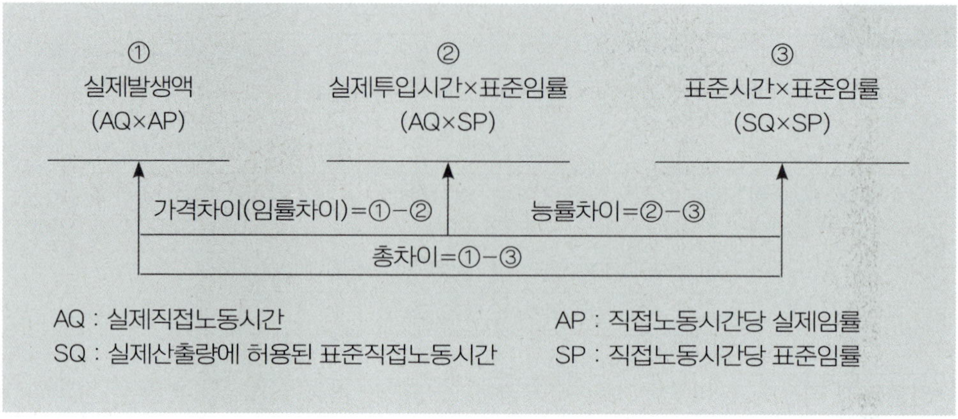

예제

직접노무비 원가차이 분석

(주)민준은 표준원가계산제도를 채택하고 있으며, 생산활동에 대한 직접노무비 자료는 다음과 같다.

[표준원가]	
제품생산량	1,000개
제품단위당 직접노동시간	5시간
직접노동시간당 임률	₩12
[실제원가]	
제품생산량	900개
제품단위당 직접노동시간	5.2시간
직접노동시간당 임률	₩11

다음 물음에 답하시오.

[물음] 직접노무비의 가격차이(임률차이)와 능률차이를 계산하시오.

풀이

AQ×AP	AQ×SP	SQ×SP
900개×5.2시간×₩11 =51,480	900개×5.2시간×₩12 =56,160	900개×5시간×₩12 =54,000

임률차이 ₩4,680(유리)　　능률차이 ₩2,160(불리)

03 변동제조간접원가 차이

① 실제발생액 (AQ×AP)	② 실제조업도×표준배부율 (AQ×SP)	③ 표준조업도×표준배부율 (SQ×SP)

예산차이(소비차이)=①−②　　능률차이=②−③

총차이=①−③

AQ : 실제조업도　　AP : 조업도 단위당 실제배부율

SQ : 실제산출량에 허용된 표준조업도　　SP : 조업도 단위당 표준배부율

04 고정제조간접원가 차이

$$\text{고정제조간접원가 예정배부율} = \frac{\text{고정제조간접원가예산총액}}{\text{기준조업도(배부기준)}}$$

☞ 기준조업도(정상조업도) : 직접노동시간, 기계시간 등을 주로 이용함

① 실제발생액 (AQ×AP)	② 고정제조간접원가 예산 (AQ'×SP)	③ 고정제조간접원가 배부액 (SQ×SP)

예산차이(소비차이)=①−②　　조업도차이=②−③

총차이=①−③

AQ : 실제조업도　　AQ' : 기준조업도　　AP : 조업도 단위당 실제배부율

SQ : 실제산출량에 허용된 표준조업도　　SP : 조업도 단위당 표준배부율

예제

제조간접비 원가차이 분석

(주)민준은 표준원가계산제도를 채택하고 있으며, 생산활동에 대한 제조간접비 자료는 다음과 같다.

• 변동제조간접원가 실제발생액	₩19,000
• 고정제조간접원가 실제발생액	27,000
• 제품 생산량	300단위
• 직접노동시간	1,200시간

(주)민준이 설정한 예산에 의하면 직접노동시간은 1,500시간, 변동제조간접원가는 ₩30,000, 고정제조간접원가는 ₩37,500이다. 제품 한 단위 생산에 소요되는 표준직접노동시간은 3.5시간이며, 당월의 제조간접원가 배부액은 ₩47,250이다.

다음 물음에 답하시오.

[물음1] 변동제조간접원가와 고정제조간접원가의 표준배부율을 계산하시오.
[물음2] 변동제조간접원가 예산차이(소비차이)와 능률차이를 계산하시오.
[물음3] 고정제조간접원가 예산차이(소비차이)와 조업도차이를 계산하시오.

풀이

[물음1] 변동제조간접원가와 고정제조간접원가의 표준배부율

1) 변동제조간접원가 : ₩30,000÷1,500시간=₩20/시간

2) 고정제조간접원가 : ₩37,500÷1,500시간=₩25/시간

3) 제조간접원가 표준배부율 : ₩20/시간+₩25/시간=₩45/시간

[물음2] 변동제조간접원가 예산차이(소비차이)와 능률차이

AQ×AP (실제발생액)	AQ×SP	SQ×SP(배부액)
₩19,000	1,200시간×₩20/시간 =₩24,000	(300단위×3.5시간)×₩20/시간 =₩21,000

예산차이 ₩5,000(유리)	능률차이 ₩3,000(불리)
총차이 ₩2,000(유리)	

[물음3] 고정제조간접원가 예산차이(소비차이)와 조업도차이

AQ×AP (실제발생액)	예산	SQ×SP(배부액)
₩27,000	₩37,500	(300단위×3.5시간)×₩25/시간 =₩26,250

예산차이 ₩10,500(유리)	조업도차이 ₩11,250(불리)
총차이 ₩750(불리)	

핵심요약 제조간접원가 차이분석 방법(심화학습)

01 4분법

4분법

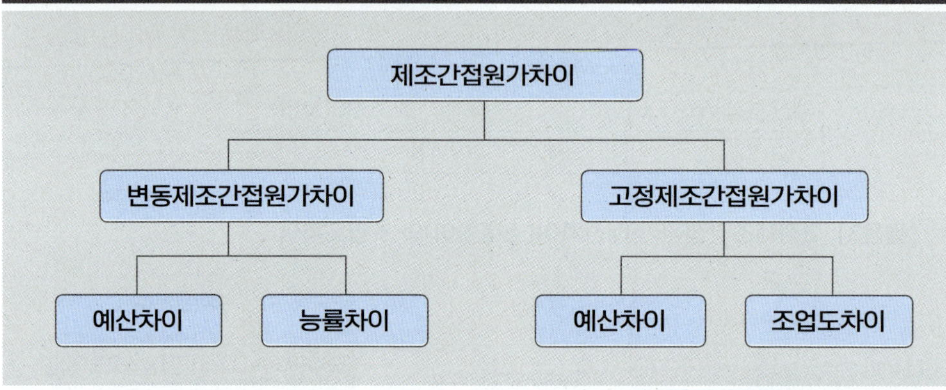

변동제조간접원가차이

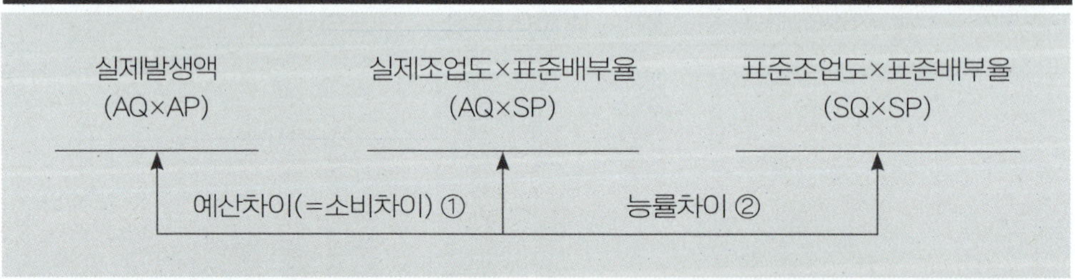

고정제조간접원가차이

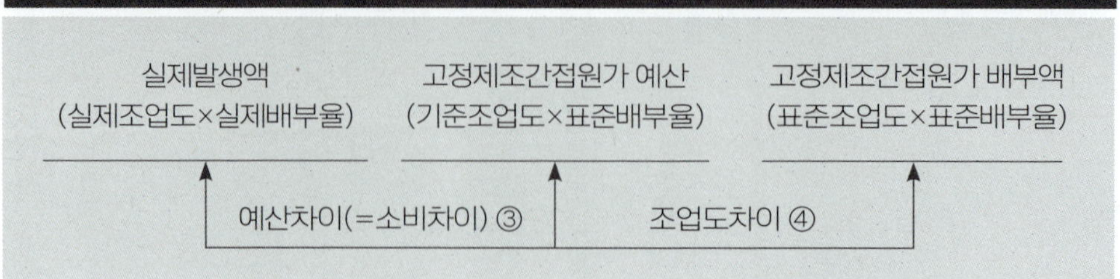

02 3분법

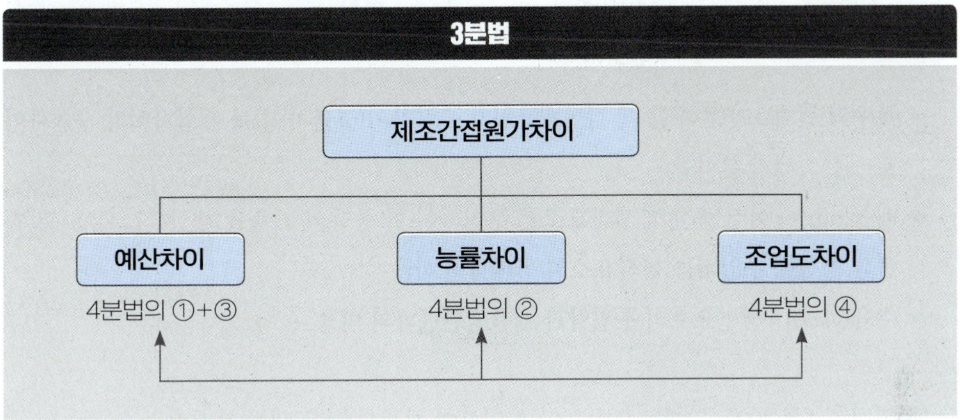
3분법
제조간접원가차이
예산차이
4분법의 ①+③
능률차이
4분법의 ②
조업도차이
4분법의 ④

03 2분법

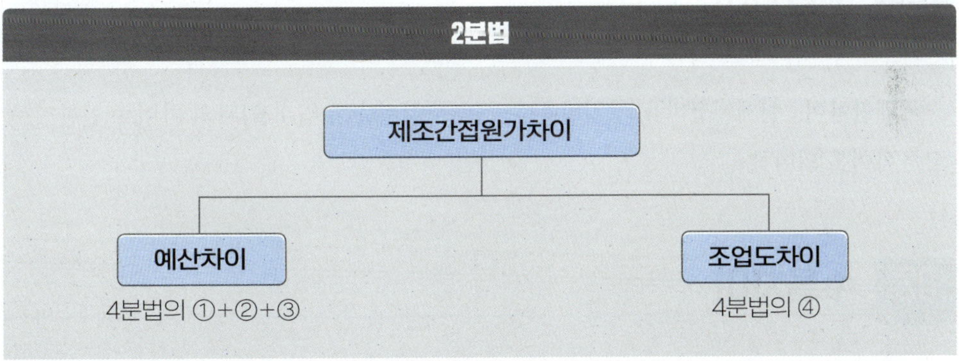
2분법
제조간접원가차이
예산차이
4분법의 ①+②+③
조업도차이
4분법의 ④

핵심요약 복수의 원재료를 사용하는 경우의 능률차이(심화학습)

☞ **복수의 원재료가 존재할 때 직접재료원가 수량차이(능률차이)를 배합차이와 수율차이**로 세분화해서 분석함

☞ 배합(mix) : 여러 종류의 생산요소를 투입하여 한 종류의 제품을 생산하는 경우 그 제품의 **생산에 투입되는 생산요소의 상대적인 비율**

☞ 수율(yield) : 생산요소의 **투입량과 제품생산량과의 비율**

예 원재료 A를 300g, 원재료 B를 700g 투입하여 제품 800g을 생산 가정시
→ 원재료 A와 원재료 B의 배합비율은 3(30%):7(70%)
→ 원재료 A와 원재료 B의 수율은 80%(800g÷1,000g)

01 배합차이

☞ 배합차이 : 실제배합비율(투입비율)과 표준배합비율(투입비율)과의 차이로 인한 수량차이를 의미함

02 수율차이

☞ 수율차이 : 실제수율과 표준수율의 차이로 인한 수량차이를 의미함

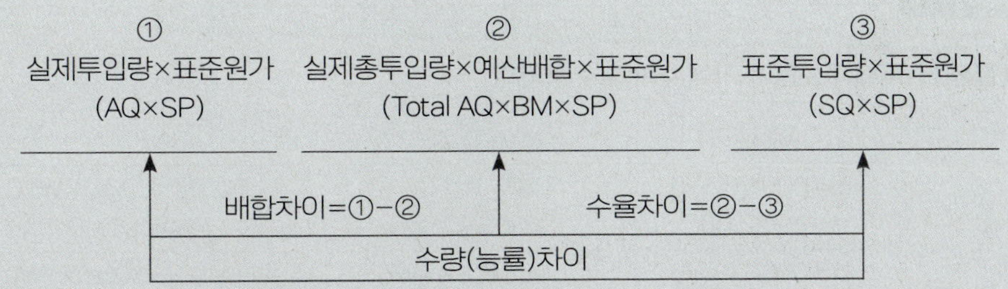

Total AQ : 실제의 전체사용수량
BM : 예산배합비율

예제

복수의 원재료-비합치이, 수율차이 분석

(주)민준은 원재료 X와 원재료 Y를 혼합하여 제품을 생산하고 있으며, 제품 1개당 표준원가는 다음과 같다.

원재료	표준사용량	표준가격	표준원가
X	20kg	10	₩200
Y	30kg	6	₩180

회사의 당기제품 생산량은 1,000개이며, 실제 사용된 원재료에 대한 자료는 다음과 같다.

원재료	실제사용량	실제 단위당 가격	실제 총원가
X	34,000kg	8	₩272,000
Y	18,000kg	9	₩162,000

다음 물음에 답하시오.

[물음1] 직접재료원가의 가격차이와 수량차이(능률차이)를 계산하시오.

[물음2] 직접재료원가의 배합차이와 수율차이를 계산하시오.

풀이

[물음1] 직접재료원가 가격차이와 수량차이

	AQ×AP	AQ×SP	SQ×SP
원재료 X	34,000kg×₩8 =₩272,000	34,000kg×₩10 =₩340,000	(1,000개×20kg)×₩10 =₩200,000
원재료 Y	18,000kg×₩9 =₩162,000	18,000kg×₩6 =₩108,000	(1,000개×30kg)×₩6 =₩180,000
합 계	₩434,000	₩448,000	₩380,000

가격차이 ₩14,000(유리)	능률차이 ₩68,000(불리)
총차이 ₩54,000(불리)	

[물음2] 직접재료비 배합차이, 수율차이

	AQ×SP	AQ'×SP	SQ×SP
원재료 X	34,000kg×₩10 =₩340,000	(52,000kg×0.4)×₩10 =₩208,000	(1,000개×20kg)×₩10 =₩200,000
원재료 Y	18,000kg×₩6 =₩108,000	(52,000kg×0.6)×₩6 =₩187,200	(1,000개×30kg)×₩6 =₩180,000
합 계	52,000kg ₩448,000	52,000kg ₩395,200	50,000kg ₩380,000

배합차이 ₩52,800(불리)	수율차이 ₩152,000(불리)
능률차이 ₩68,000(불리)	

* 표준배합비율

원재료 X : 20kg(40%)

원재료 Y : 30kg(60%)

제 7 장

변동원가계산

핵심요약 변동원가계산과 전부원가계산의 의의

01 변동원가계산

☞ 변동원가계산 : 제조원가를 변동원가와 고정원가로 구분하여 **변동원가만을 제품원가에 포함시키고, 고정원가는 조업도와 관계없이 기간원가로 처리하는 방법**

변동원가계산의 원가흐름

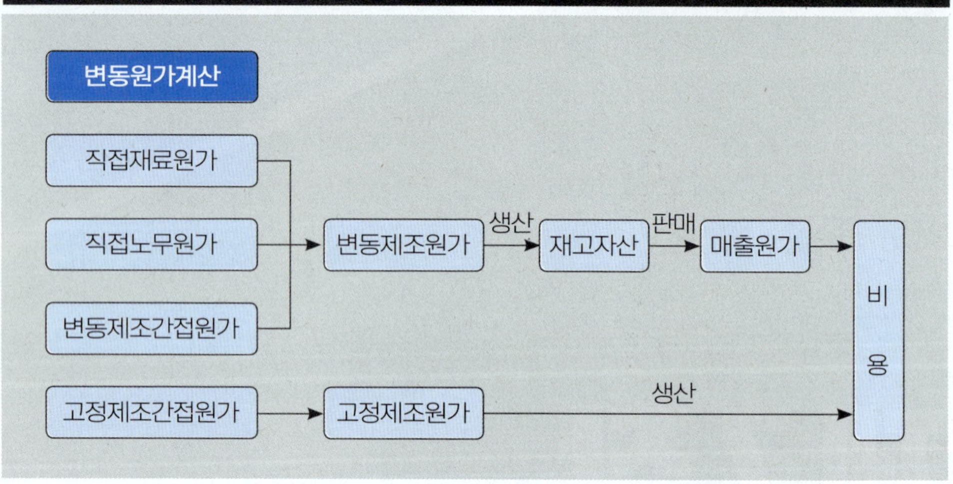

변동원가계산에 의한 공헌이익 손익계산서

1. 매 출 액		×××
2. 매출원가(변동제조원가)		
(1) 기초제품재고액	×××	
(2) 당기제품제조원가	×××	
계	×××	
(3) 기말제품재고액	(−) ×××	×××
3. 제조 공헌이익		×××
4. 변동판매비와관리비		×××
5. 공헌이익		×××
6. 고정원가		
(1) 고정제조간접원가	×××	
(2) 고정판매비와관리비	×××	×××
7. 영업이익		×××

02 전부원가계산

☞ 전부원가계산 : **직접재료원가, 직접노무원가, 변동제조간접원가는 물론 고정제조간접원가까지도 제조와 관련되었다면 모든 원가를 제품원가로 보는 방법**

전부원가계산의 원가흐름

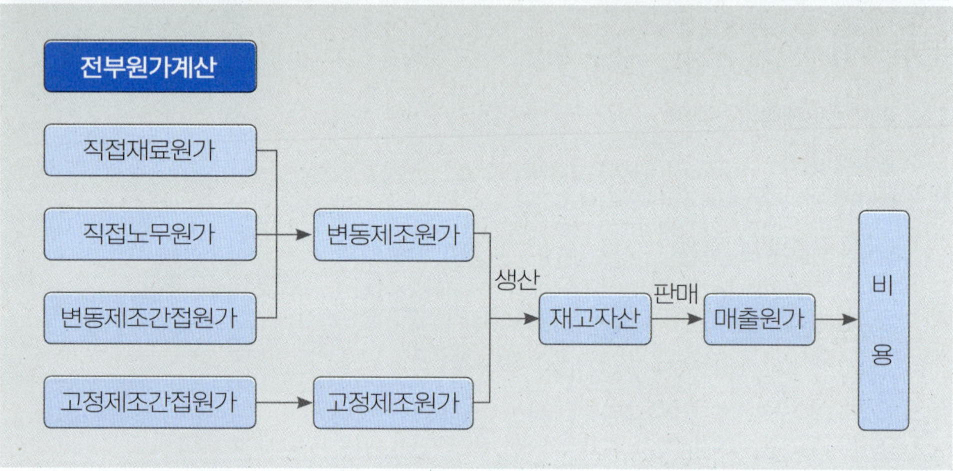

전부원가계산에 의한 손익계산서

1. 매 출 액		×××
2. 매출원가(전부원가)		
(1) 기초제품재고액	×××	
(2) 당기제품제조원가	×××	
계	×××	
(3) 기말제품재고액	(−) ×××	×××
3. 매출총이익		×××
4. 판매비와관리비		
(1) 변동판매비와관리비	×××	
(2) 고정판매비와관리비	×××	×××
5. 영업이익		×××

03 초변동원가계산

☞ 초변동원가계산 : **제조원가 중 직접재료원가만을 변동원가로 간주하고, 그 이외의 직접노무원가나 제조간접원가 등은 운영비용이라고 하여 고정원가로 간주**하고 영업이익을 계산함

초변동원가계산에 의한 손익계산서

1. 매출액	×××
2. 직접재료원가	×××
3. 현금창출공헌이익 or 재료처리량공헌이익	×××
4. 운영비용	×××
5. 영업이익	×××

각 원가계산 방법의 비교

구 분	전부원가계산	변동원가계산	초변동원가계산
기본 및 활용목적	외부보고 목적	단기의사결정	단기의사결정
제품원가	직접재료원가+ 직접노무원가+ 변동제조간접원가+ 고정제조간접원가	직접재료원가+ 직접노무원가+ 변동제조간접원가	직접재료원가
기간비용	판매비와관리비	고정제조간접원가+ 판매비와관리비	직접노무원가+ 제조간접원가+ 판매비와관리비
이익의 결정요인	판매량과 생산량	판매량	판매량

구 분	전부원가계산	변동원가계산	초변동원가계산
손익계산서의 양식	매출액 매출원가 매출총이익 판매관리비 영업이익	매출액 변동원가 공헌이익 고정원가 영업이익	매출액 직접재료원가 재료처리량공헌이익 운영비용 영업이익

04 원가계산방법의 요약

원가계산방법의 조합

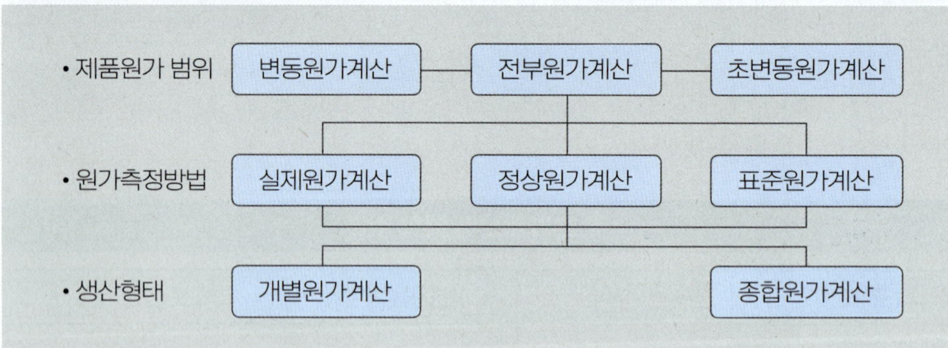

☞ 원가계산방법들은 서로 독립적으로 쓰이는 것이 아니라 각 분류기준별로 회사의 실정에 맞게 **조합하여 여러 가지 원가계산방법**으로 만들어 낼 수 있음

핵심 요약 변동원가계산의 유용성과 한계

01 변동원가계산의 장점

- 변동원가계산제도에서는 **이익이 생산량에 영향을 받지 않고 판매량에 따라 결정되므로 의사결정문제에 왜곡을 초래하지 않는다.**
- 변동원가계산제도에서는 이익이 생산량에 영향을 받지 않고 판매량 즉, 매출액과 동일한 방향으로 움직이므로 경영자의 입장에서 이해하기 쉽다.
- CVP(원가－조업도－이익)와 관련된 자료를 변동원가계산제도에 의한 손익계산서로부터 쉽게 얻을 수 있으므로 경영자의 이익계획에 유용한 정보를 제공해 준다.
- 특정기간의 고정원가가 손익계산시에 총액으로 표시되기 때문에 고정원가가 이익에 미치는 영향을 쉽게 알 수 있다.

02 변동원가계산의 단점

- **기업회계기준에서 인정되는 원가계산이 아니므로 외부보고자료로서 이용될 수 없다.**
- 생산활동과 관련하여 발생한 고정제조간접원가를 제품원가에서 제외함으로써 원가포괄개념을 무시하고 있다.
- 전체원가 중에서 변동원가와 고정원가를 구분해내기가 현실적으로 어렵다.
- 장기계획에서는 거의 모든 비용들을 변동원가로 간주할 수 있다.

핵심요약 변동원가계산과 전부원가계산의 이익차이 조정

☞ 변동원가계산에 의한 영업이익과 전부원가계산에 의한 **영업이익의 차이**

: **고정제조간접원가의 비용화 시점 때문**에 발생함

☞ 생산량, 판매량과 전부원가계산, 변동원가계산의 관계

재고자산의 변화	영업이익의 비교
생산량=판매량(기초재고량=기말재고량)	전부원가계산 이익=변동원가계산 이익
생산량 > 판매량(기초재고량 < 기말재고량)	전부원가계산 이익 > 변동원가계산 이익
생산량 < 판매량(기초재고량 > 기말재고량)	전부원가계산 이익 < 변동원가계산 이익

☞ 변동원가계산과 전부원가계산의 영업이익의 차이 조정방법

	변동원가계산에 의한 영업이익
+	기말재고자산에 포함된 고정제조간접원가
−	기초재고자산에 포함된 고정제조간접원가
	전부원가계산에 의한 영업이익

	변동원가계산에 의한 영업이익
+	기말재고수량×단위당 고정제조간접원가
−	기초재고수량×단위당 고정제조간접원가
	전부원가계산에 의한 영업이익

예제

변동원가계산과 전부원가계산의 이익차이 조정

(주)민준의 원가구조와 20×1년, 20×2년의 제품변동은 다음과 같았다.

단위당 판매가격	₩100	고정제조간접원가	₩600,000
단위당 변동제조원가	₩65	고정판매관리비	₩300,000
단위당 변동판매관리비	₩10		

	20×1년	20×2년
기초제품수량	0개	10,000개
당기생산량	50,000개	40,000개
당기판매량	40,000개	40,000개
기말제품수량	10,000개	10,000개

물량의 흐름은 선입선출법이 적용된다고 가정하여 다음 물음에 답하시오.

[물음1] 전부원가계산에 의한 각 연도의 영업이익을 계산하시오.
[물음2] 변동원가계산에 의한 각 연도의 영업이익을 계산하시오.
[물음3] 20×1년과 20×2년의 전부원가계산과 변동원가계산의 이익차이를 조정하시오.

풀이

[물음1] 전부원가계산하의 영업이익

	20×1년	20×2년
매 출 액	₩4,000,000	₩4,000,000
매출원가*	3,080,000	3,170,000
매출총이익	920,000	830,000
판매관리비		
변동판매관리비	400,000	400,000
고정판매관리비	300,000	300,000
영업이익(손실)	**₩220,000**	**₩130,000**

[20×1년 매출원가]

1) 20×1년 고정제조간접원가 배부율=₩600,000÷50,000개=₩12
   20×1년 단위당 제품제조원가=₩65(단위당 변동제조원가)+₩12=**₩77**

2) 매출원가=40,000개×**77**=3,080,000

[20×2년 매출원가]

1) 20×2년 고정제조간접원가 배부율=₩600,000÷40,000개=₩15
   20×2년 단위당 제품제조원가=₩65(단위당 변동제조원가)+₩15=**₩80**

2) 매출원가=10,000개×**77**+30,000개×**80**=3,170,000

[물음2] 변동원가계산하의 영업이익

	20×1년	20×2년
매 출 액	₩4,000,000	₩4,000,000
변동원가		
변동매출원가*	2,600,000	2,600,000
변동판매관리비	400,000	400,000
공헌이익	₩1,000,000	₩1,000,000
고정원가		
고정제조간접원가	600,000	600,000
고정판매관리비	300,000	300,000
영업이익(손실)	**₩100,000**	**₩100,000**

* 변동매출원가=₩65(단위당 변동제조원가)×40,000개=₩2,600,000

[물음3] 각 방법하의 영업이익 차이 조정

	20×1년	20×2년
변동원가계산하의 영업이익	₩100,000	₩100,000
+기말재고자산에 포함된 고정제조간접비	120,000	150,000
−기초재고자산에 포함된 고정제조간접비	−	(120,000)
=전부원가계산하의 영업이익	₩220,000	₩130,000

핵심 요약 초변동원가계산과 전부원가계산의 이익차이 조정

01 영업이익 차이조정(초변동원가 → 변동원가계산 → 전부원가계산)

	초변동원가계산의 영업이익
+	기말재고자산에 포함된 변동가공원가*
−	기초재고자산에 포함된 변동가공원가*
	변동원가계산의 영업이익
+	기말재고자산에 포함된 고정제조간접원가
−	기초재고자산에 포함된 고정제조간접원가
	전부원가계산의 영업이익

* 직접노무원가와 변동제조간접원가

02 영업이익 차이조정(초변동원가 → 전부원가계산)

	초변동원가계산의 영업이익
+	기말재고자산에 포함된 가공원가*
−	기초재고자산에 포함된 가공원가*
	전부원가계산의 영업이익

* 직접노무원가, 변동제조간접원가 및 고정제조간접원가

예제

초변동원가계산과 전부원가계산의 이익차이 조정

20×1년 초 설립된 (주)민준의 20×1년과 20×2년의 생산 및 판매와 관련된 자료는 다음과 같다.

	20×1년	20×2년
기초제품수량	0개	3,000개
당기생산량	10,000개	11,000개
판매량	7,000개	9,000개
기말제품수량	3,000개	5,000개
단위당 직접재료원가	30	30
단위당 직접노무원가	60	60
단위당 변동제조간접원가	48	48
고정제조간접원가	1,000,000	1,012,000
단위당 판매단가	300	300
단위당 변동판매비	10	10
고정판매비	40,000	40,000

물량의 흐름은 선입선출법이 적용된다고 가정하여 다음 물음에 답하시오.

[물음1] 전부원가계산에 의한 각 연도의 영업이익을 계산하시오.
[물음2] 초변동원가계산에 의한 각 연도의 영업이익을 계산하시오.
[물음3] 20×1년과 20×2년의 전부원가계산과 초변동원가계산의 이익차이를 조정하시오.

풀이

[물음1] 전부원가계산하의 영업이익

	20×1년	20×2년
매 출 액	₩2,100,000	₩2,700,000
매출원가*	1,666,000	2,094,000
매출총이익	434,000	606,000
판매관리비		
변동판매관리비	70,000	90,000
고정판매관리비	40,000	40,000
영업이익(손실)	**₩324,000**	**₩476,000**

[20×1년 매출원가]

1) 20×1년 고정제조간접원가 배부율=₩1,000,000÷10,000개=₩100

   20×1년 단위당 제품제조원가=₩138(단위당 변동제조원가)+₩100=₩238

2) 매출원가=7,000개×238=₩1,666,000

[20×2년 매출원가]

1) 20×2년 고정제조간접원가 배부율=₩1,012,000÷11,000개=₩92

   20×2년 단위당 제품제조원가=₩138(단위당 변동제조원가)+₩92=₩230

2) 매출원가=3,000개×238+6,000개×230=₩2,094,000

[물음2] 초변동원가계산하의 영업이익

	20×1년	20×2년
매 출 액	₩2,100,000	₩2,700,000
직접재료원가*	210,000	270,000
재료처리량 공헌이익	₩1,890,000	₩2,430,000
직접노무원가	600,000	660,000
변동제조간접원가	480,000	528,000
고정제조간접원가	1,000,000	1,012,000
변동판매관리비	70,000	90,000
고정판매관리비	40,000	40,000
영업이익(손실)	**(₩300,000)**	**₩100,000**

* 20×1년 직접재료원가=7,000개×₩30(단위당 직접재료원가)=₩210,000

* 20×2년 직접재료원가=9,000개×₩30(단위당 직접재료원가)=₩270,000

[물음3] 각 방법하의 영업이익 차이 조정

	20×1년	20×2년
초변동원가계산하의 영업이익	(₩300,000)	₩100,000
+기말재고자산에 포함된 가공비*	624,000	1,000,000
−기초재고자산에 포함된 가공비**	−	(624,000)
=전부원가계산하의 영업이익	₩324,000	₩476,000

* 기말재고자산에 포함된 가공비(직접노무비+변동제조간접비+고정제조간접비)
20×1년 기말재고자산 : 3,000개×(60+48+100)=624,000
20×2년 기말재고자산 : 5,000개×(60+48+92)=1,000,000

** 기초재고자산에 포함된 가공비(직접노무비+변동제조간접비+고정제조간접비)
20×1년 기초재고자산 : 없음
20×2년 기초재고자산 : 3,000개×(60+48+100)=624,000

제 8 장

원가의 추정

핵심요약 원가함수

☞ 원가함수 : 일정기간 동안 조업도 변동에 따라 총원가의 변동양상을 함수관계로 나타낸 것

$$Y = a + bX$$

(Y: 총원가, a: 고정비, b: 단위당 변동비, X: 조업도)

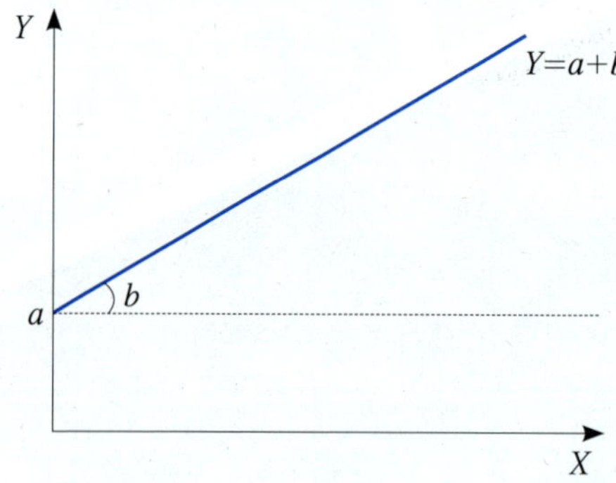

핵심요약 고저점법

☞ 고저점법 : **최고조업도와 최저조업도의 원가자료를 직선으로 연결하여 원가함수를 추정하는 방법**

☞ 주의사항 : 최고조업도와 최저조업도는 총원가가 아닌 조업도에 의해 선택!!

예제

고저점법

(주)민준은 생산량과 직접노무비의 관계에 대하여 다음과 같은 5개월간의 자료를 수집하였다.

구 분	생산량	직접노무비
1월	10개	₩160,000
2월	15개	200,000
3월	20개	290,000
4월	50개	720,000
5월	30개	490,000

다음 물음에 답하시오.

[물음1] 고저점법을 이용하여 직접노무비의 원가추정함수를 구하시오.

[물음2] 고저점법을 이용할 경우 6월의 계획생산량이 70개일 때의 직접노무비 추정액은 얼마인가?

풀이

[물음1] 원가추정함수

1) 원가함수 $Y=a+bX$(a: 고정비, b: 조업도 단위당 변동비)

2) $b=\dfrac{720{,}000-160{,}000}{50-10}=₩14{,}000$

3) 원가함수에 X=50개, Y=720,000을 대입하면 a=₩20,000

∴ 원가함수 $Y=$**14,000**X**+20,000**

[물음2] 직접노무비 추정액

1) 원가함수 Y=14,000X+20,000에 X=70개를 대입하면 Y=**₩1,000,000**

핵심요약 누적평균학습곡선

☞ 누적평균학습곡선모형 : **누적 생산량이 2배가 될 때마다 단위당 평균직접노동시간이 일정비율만큼 감소**한다는 모형

예 90%의 누적평균학습곡선 : 누적 생산량이 2배가 될 때 단위당 평균직접노동시간이 90%로 감소되는 원가행태를 나타냄

예제

학습곡선

항공기 제조회사인 (주)민준은 대형 항공기를 개발하여 시제품 한 대를 생산하였다. 시제품 생산에 소요된 직접노무시간은 2,000시간이다. 직접노무시간은 80%의 누적평균학습곡선을 따른다고 가정한다.
다음 물음에 답하시오.

[물음1] 2번째 항공기 생산에 소요되는 직접노무시간은 얼마인가?
[물음2] 추가로 7대를 생산하는 경우에 추가로 소요되는 직접노무시간은 얼마인가?
[물음3] 1대당 직접재료원가가 ₩10,000, 직접노무시간당 임률이 ₩20, 직접노무시간당 변동제조간접원가가 ₩10, 고정제조간접원가가 ₩30,000일 경우, 회사의 총 생산량이 8대일 경우의 제품단위당 제조원가는 얼마인가?

풀이

누적생산량	평균 직접노무시간	총 직접노무시간
1	2,000시간	2,000시간
2	1,600시간	3,200시간
4	1,280시간	5,120시간
8	1,024시간	8,192시간

[물음1] 2번째 생산시의 직접노무시간

2번째 생산시의 직접노무시간=3,200시간−2,000시간=**1,200시간**

[물음2] 추가 7대 생산시의 추가 직접노무시간

추가 7대 생산시의 추가 직접노무시간=8,192시간−2,000시간=**6,192시간**

[물음3] 제품단위당 제조원가

직접재료비	8대×10,000=₩80,000
직접노무비	8,192시간×20=163,840
변동제조간접비	8,192시간×10=81,920
고정제조간접비	30,000
총제조원가	355,760
생산량	÷8대
제품단위당 제조원가	**₩44,470**

제 9 장

CVP 분석

핵심요약 CVP(원가·조업도·이익) 분석의 의의

01 CVP 분석의 개요

☞ 원가 · 조업도 · 이익(Cost－Volume－Profit : CVP) 분석 : 조업도와 원가의 변화가 이익에 어떠한 영향을 미치는가를 분석하는 기법으로서 기업의 의사결정문제에 광범위하게 사용됨

02 CVP 분석의 가정

☞ **모든 원가는 변동원가와 고정원가로 분류할 수 있다**고 가정한다.

☞ **수익과 원가의 행태는 관련범위 내에서 선형**이라고 가정한다.

→ 단위당 판매단가와 단위당 변동원가는 일정함!!

☞ **생산량은 판매량과 동일**하다고 가정한다.

→ 기초재고=기말재고

☞ **복수제품인 경우 매출배합은 일정**하다고 가정한다.

☞ **화폐의 시간가치를 고려하지 않는 단기적인 분석**이라는 가정이다.

핵심 요약 CVP 분석의 기본개념

01 공헌이익

$$공헌이익 = 매출액 - 변동원가$$

$$단위당\ 공헌이익 = 단위당\ 판매가격 - 단위당\ 변동원가$$

02 공헌이익률

$$공헌이익률 = \frac{총공헌이익}{총매출액} = \frac{단위당\ 공헌이익}{단위당\ 판매가격}$$

03 변동비율

- $변동비율 = \frac{총변동비}{총매출액} = \frac{단위당\ 변동비}{단위당\ 판매가격}$
- $공헌이익률 + 변동비율 = 100\%$

예제

공헌이익률과 변동비율

(주)민준은 단위당 판매가격이 ₩100이고 단위당 변동원가가 ₩80인 제품을 생산하여 판매하고 있다. 이 회사는 제품 1,000개를 판매한다는 목표로 예산을 다음과 같이 수립하였다.

매 출 액	₩100,000
변 동 원 가	80,000
공 헌 이 익	20,000
고 정 원 가	10,000
영 업 이 익	₩10,000

다음 물음에 답하시오.

[물음1] (주)민준의 단위당 공헌이익을 계산하시오.
[물음2] (주)민준의 공헌이익률을 계산하시오.
[물음3] (주)민준의 변동비율을 계산하시오.
[물음4] (주)민준의 공헌이익률과 변동비율의 합계는 얼마인가?

풀이

[물음1] 단위당 공헌이익

단위당 공헌이익=단위당 판매가격−단위당 변동원가=₩100−₩80=**₩20**

[물음2] 공헌이익률

$$\text{공헌이익률}=\frac{\text{공헌이익}}{\text{매출액}}=\frac{₩20,000}{₩100,000}=\mathbf{20\%}=\frac{\text{단위당 공헌이익}}{\text{단위당 판매가격}}$$

[물음3] 변동비율

$$\text{변동비율}=\frac{\text{변동비}}{\text{매출액}}=\frac{₩80,000}{₩100,000}=\mathbf{80\%}=\frac{\text{단위당 변동비}}{\text{단위당 판매가격}}$$

[물음4] 공헌이익률 + 변동비율

공헌이익률 20%+변동비율 80%=**100%**

핵심요약 기본적인 CVP 분석

01 손익분기점(break-even point : BEP) 분석

☞ 손익분기점 : 총매출액이 변동비와 고정비를 포함한 총원가와 같아지는 판매량 또는 매출액 → **이익을 0으로 만드는 판매량 또는 매출액**

손익분기점 계산방법 → 매출액 − 변동비 − 고정비 = 0

예제

손익분기점

다음 물음에 답하시오.

[물음1] 단위당 판매가격이 ₩200, 단위당 변동비는 ₩100, 고정비가 ₩1,000일 경우 손익분기점 판매량을 계산하시오.

[물음2] 단위당 판매가격이 ₩200, 단위당 변동비는 ₩100, 고정비가 ₩1,000일 경우 손익분기점 매출액을 계산하시오.

[물음3] 변동비율이 60%, 고정비가 ₩3,000일 경우 손익분기점 매출액을 계산하시오.

[물음4] 공헌이익률이 60%, 고정비가 ₩3,000일 경우 손익분기점 매출액을 계산하시오.

[물음5] 손익분기점 매출액이 ₩1,000,000, 공헌이익률이 40%일 경우 고정비는 얼마인가?

풀이

[물음1] 손익분기점 판매량

1) 매출액－변동비－고정비＝₩0에서 (손익분기점 판매량＝X)

2) 200X－100X－1,000＝₩0

∴ X(손익분기점 판매량)＝**10개**

[물음2] 손익분기점 매출액

X(손익분기점 판매량)＝10개

∴ 손익분기점 매출액＝10개×200＝**₩2,000**

[물음3] 손익분기점 매출액

1) 매출액－변동비－고정비＝₩0에서 (손익분기점 매출액＝X)

2) X－0.6X－3,000＝₩0

∴ X(손익분기점 매출액)＝**₩7,500**

[물음4] 손익분기점 매출액

1) 매출액－변동비－고정비＝₩0에서 (손익분기점 매출액＝X)

2) X－0.4X－3,000＝₩0

∴ X(손익분기점 매출액)＝**₩5,000**

[물음5] 고정비

1) 매출액－변동비－고정비＝₩0에서 (고정비＝X)

2) 1,000,000－600,000－X＝₩0

∴ X(고정비)＝**₩400,000**

02 목표이익(target net income) 분석

목표이익 계산방법
→ 매출액 − 변동비 − 고정비 = 목표이익

03 법인세를 고려한 CVP 분석

• 세전 목표이익×(1−법인세율)=세후 목표이익
• 세전 목표이익률×(1−법인세율)=세후 목표이익률

예제

목표이익

다음 물음에 답하시오.

[물음1] (주)민준은 단위당 판매가격이 ₩30이고 단위당 변동원가가 ₩15인 제품을 생산하여 판매하고 있다. 연간 고정원가는 ₩15,000이다. ₩7,500의 목표이익을 달성하기 위한 연간 판매량과 매출액을 계산하시오.

[물음2] (주)민준은 단위당 판매가격이 ₩30이고 단위당 변동원가가 ₩15인 제품을 생산하여 판매하고 있다. 연간 고정원가는 ₩15,000이다. 목표이익률 10%를 달성하기 위한 연간 판매량과 매출액을 계산하시오.

[물음3] (주)민준은 단위당 판매가격이 ₩30이고 단위당 변동원가가 ₩15인 제품을 생산하여 판매하고 있다. 연간 고정원가는 ₩15,000이다. 법인세율이 40%일 경우, ₩4,500의 세후목표이익을 달성하기 위한 연간 판매량과 매출액을 계산하시오.

풀이

[물음1] 목표이익 달성 판매량, 매출액

1) '매출액−변동비−고정비=이익'에서 (목표이익 달성 판매량=X)

2) $30X-15X-15{,}000$=₩7,500

∴ X(목표이익 달성 판매량)=**1,500개**

∴ X(목표이익 달성 매출액)=1,500개×30=**₩45,000**

[물음2] 목표이익 달성 판매량, 매출액(목표이익률)

1) '매출액−변동비−고정비=이익'에서 (목표이익 달성 판매량=X)

2) $30X-15X-15{,}000=30X\times10\%=3X$

∴ X(목표이익 달성 판매량)=**1,250개**

∴ X(목표이익 달성 매출액)=1,250개×30=**₩37,500**

[물음3] 목표이익 달성 판매량, 매출액(법인세 고려시)

1) '매출액−변동비−고정비=이익'에서 (목표이익 달성 판매량=X)

2) $(30X-15X-15{,}000)\times60\%$=₩4,500

∴ X(목표이익 달성 판매량)=**1,500개**

∴ X(목표이익 달성 매출액)=1,500개×30=**₩45,000**

04 안전한계

☞ 안전한계 : 예산 또는 실제 매출액이 손익분기점 매출수준을 초과하는 정도

→ **손실을 발생시키지 않으면서 허용할 수 있는 매출액의 최대 감소액**을 의미함

안전한계=실제(예산) 매출액−손익분기점 매출액

$$\text{안전한계율}=\frac{\text{매출액}-\text{손익분기점 매출액}}{\text{매출액}}=\frac{\text{안전한계}}{\text{매출액}}$$

예제

안전한계

(주)민준은 단위당 판매가격이 ₩500이고 단위당 변동원가가 ₩350인 제품을 생산하여 판매하고 있다. 회사는 제품 2,000개를 판매한다는 목표로 예산을 다음과 같이 수립하였다.

매 출 액	₩1,000,000
변 동 원 가	700,000
공 헌 이 익	300,000
고 정 원 가	150,000
영 업 이 익	₩150,000

다음 물음에 답하시오.

[물음1] 손익분기점 매출액을 계산하시오.
[물음2] 안전한계를 계산하시오.
[물음3] 안전한계율을 계산하시오.

풀이

[물음1] 손익분기점 매출액

1) 매출액−변동비−고정비=₩0에서 (손익분기점 매출액=X)

2) $X-0.7X-150{,}000=$₩0

∴ X (손익분기점 매출액)=**₩500,000**

[물음2] 안전한계

안전한계=매출액−손익분기점 매출액=₩1,000,000−₩500,000

=**₩500,000**

[물음3] 안전한계율

안전한계율$=\dfrac{\text{안전한계}}{\text{매출액}}=\dfrac{₩500{,}000}{₩1{,}000{,}000}=$**50%**

05 원가구조와 영업레버리지

(1) 원가구조

☞ 원가구조 : 변동비와 고정비의 상대적인 구성관계

(2) 영업레버리지

☞ 영업레버리지 : 총영업비용 중 고정비가 차지하는 비중

☞ 영업레버리지 효과 : 고정영업비가 차지하는 비중이 높은 경우 **고정비가 지렛대처럼 작용하여 매출액의 변화에 비해 영업이익의 변화가 더 큰 비율로 확대되는 효과**

$$영업레버리지도=\frac{영업이익의\ 변화율}{매출액의\ 변화율}=\frac{공헌이익}{영업이익}$$

예제

영업레버리지도

갑회사, 을회사의 영업활동에 관한 자료는 다음과 같다.

	갑회사	을회사
매 출 액	₩1,000,000	₩1,000,000
변 동 원 가	400,000	200,000
공 헌 이 익	600,000	800,000
고 정 원 가	200,000	400,000
영 업 이 익	₩400,000	₩400,000

다음 물음에 답하시오.

[물음1] 각 회사별로 현재의 수준에서 영업레버리지도를 구하시오.
[물음2] 매출액이 현재보다 50% 증가하는 경우 각 회사의 영업이익을 구하시오.
[물음3] 매출액이 현재보다 50% 감소하는 경우 각 회사의 영업이익을 구하시오.

풀이

[물음1]

갑회사 : ₩600,000/₩400,000=**1.5**
을회사 : ₩800,000/₩400,000=**2**

[물음2]

'매출액의 변화율×영업레버리지도=영업이익의 변화율'이므로, 매출액이 현재보다 50% 증가하는 경우 영업이익은 각각 75%(50%×1.5), 100%(50%×2) 증가한다.
갑회사 : ₩400,000×(1+0.75)=**₩700,000**
을회사 : ₩400,000×(1+1) =**₩800,000**

[물음3]

'매출액의 변화율×영업레버리지도=영업이익의 변화율'이므로, 매출액이 현재보다 50% 감소하는 경우 영업이익은 각각 75%(50%×1.5), 100%(50%×2) 감소한다.
갑회사 : ₩400,000×(1−0.75)=**₩100,000**
을회사 : ₩400,000×(1−1) =**₩0**

핵심요약 CVP 분석의 확장

01 복수제품의 CVP 분석

☞ 복수의 제품을 판매하는 경우 **매출배합이 일정하다는 가정**을 하고 CVP 분석

☞ 매출배합 : 총 판매량 중에서 **각 제품의 판매량이 차지하는 상대적인 비율**

예제

복수제품의 CVP 분석

(주)민준은 두 종류의 제품 A와 B를 생산·판매하고 있으며, 매출배합은 60%, 40%이다. 총고정비는 ₩600,000이며, 각 제품의 단위당 판매단가와 변동비 자료는 다음과 같다.

	판매단가	변동비
A	₩240	₩140
B	1,000	400

다음 물음에 답하시오.

[물음1] (주)민준의 손익분기점 판매량을 계산하시오.

[물음2] (주)민준의 손익분기점 매출액을 계산하시오.

풀이

[물음1] 손익분기점 판매량

1) 매출액－변동비－고정비=₩0에서

(A의 손익분기점 판매량=$6X$, B의 손익분기점 판매량=$4X$)

2) $6X(240-140)+4X(1,000-400)-600,000$=₩0에서 $X=200$개

∴ 손익분기점 판매량($6X+4X$)=**2,000개(A제품: 1,200개, B제품: 800개)**

[물음2] 손익분기점 매출액

손익분기점 판매량($6X+4X$)=2,000개(A제품: 1,200개, B제품: 800개)

∴ 손익분기점 매출액=1,200개×240+800개×1,000=**₩1,088,000**

02 준고정비하의 CVP 분석

☞ 조업도에 따라 고정비가 달라지는 경우 : 고정비가 변화하는 지점을 중심으로 **조업도 구간을 구분하여 CVP 분석**

☞ (주의사항) 허구의 해가 존재할 수 있으므로 **도출된 해가 각 조업도의 범위 내에 포함되는지를 검증**해야 함

예제

준고정비하의 CVP 분석

(주)민준은 단위당 판매가격이 ₩200, 공헌이익률이 40%인 제품을 생산·판매하고 있다. 연간 고정비는 생산량에 따라 다음과 같이 달라진다.

생산량	고정비
0~3,000개	₩400,000
3,001~7,000개	450,000

다음 물음에 답하시오.

[물음1] (주)민준의 손익분기점 판매량을 계산하시오.

[물음2] (주)민준의 법인세율이 40%일 경우, 세후순이익 ₩18,000을 달성하기 위한 판매량을 계산하시오.

풀이

[물음1] 손익분기점 판매량

1) 매출액−변동비−고정비=₩0에서 (손익분기점 판매량=X)

2) 생산량이 0개~3,000개일 경우

: 200X−120X−400,000=₩0

∴ X(손익분기점 판매량)=**5,000개(부적합)**

3) 생산량이 3,001개~7,000개일 경우

: 200X−120X−450,000=₩0

∴ X(손익분기점 판매량)=**5,625개(적합)**

[물음2] 목표이익 달성 판매량

1) '매출액−변동비−고정비=이익'에서 (목표이익 달성 판매량=X)

2) 생산량이 0개~3,000개일 경우

: (200X−120X−400,000)×60%=₩18,000

∴ X(목표이익 달성 판매량)=**5,375개(부적합)**

3) 생산량이 3,001개~7,000개일 경우

: (200X−120X−450,000)×60%=₩18,000

∴ X(목표이익 달성 판매량)=**6,000개(적합)**

03 현금흐름분기점

☞ 현금흐름분기점 : **현금유입액과 현금유출액이 일치하는 판매량 또는 매출액**

☞ 현금흐름분기점에서는 고정비 중에는 **현금지출을 수반하지 않는 감가상각비를 유의**해서 CVP 분석을 수행해야 함

예제

현금흐름분기점

(주)민준은 단위당 판매가격이 ₩200, 공헌이익률이 40%인 제품을 생산·판매하고 있다. 연간 고정비는 ₩50,000이며, 이 중 ₩20,000이 감가상각비이다.

다음 물음에 답하시오.

[물음1] (주)민준의 현금흐름분기점 판매량을 계산하시오.

[물음2] 법인세율이 50%인 경우 (주)민준의 현금흐름분기점 판매량을 계산하시오.

풀이

[물음1] 현금흐름분기점 판매량(법인세가 없는 경우)

1) 현금유입액 : 매출액
2) 현금유출액 : 변동비+(고정비−감가상각비)
3) **매출액=변동비+(고정비-감가상각비)**
4) 현금흐름분기점 판매량=X라고 할 때,
   $200X=120X+(50,000-20,000)$
∴ 현금흐름분기점(X)=**375개**

[물음2] 현금흐름분기점 판매량(법인세가 있는 경우)

1) 현금유입액 : 매출액
2) 현금유출액 : 변동비+(고정비−감가상각비)+법인세
   ☞ 법인세 : 현금유출로서 현금기준이 아닌 발생주의에 따라 계산됨에 유의!!

3) **매출액=변동비+(고정비-감가상각비)+법인세**

4) 현금흐름분기점 판매량=X라고 할 때,

$200X = 120X + (50,000 - 20,000) + \underline{(200X - 120X - 50,000) \times 50\%}$

∴ 현금흐름분기점(X)=**125개**

04 민감도 분석

☞ 민감도 분석 : 하나 또는 둘 이상의 **독립변수가 변화할 경우 종속변수가 어떻게 영향을 받는가**를 분석하는 기법

예제

민감도 분석

다음은 (주)민준의 20×1년 예산자료이다.

매출액	(10,000개×₩100)	₩1,000,000
변동원가	(10,000개×₩80)	800,000
공헌이익		200,000
고정원가		75,000
영업이익		₩125,000

예산자료 중 일부가 다음과 같이 변동될 경우 영업이익을 계산하시오.
(단, 아래의 물음은 각각 독립적이다.)

[물음1] 판매량 10% 증가

[물음2] 판매가격 10% 증가

[물음3] 고정비 5% 증가

[물음4] 판매가격 5% 증가, 판매량 8% 감소, 고정비 15% 감소

풀이

[물음1]

매 출 액	(11,000개×₩100)	₩1,100,000
변 동 원 가	(11,000개×₩80)	880,000
공 헌 이 익		220,000
고 정 원 가		75,000
영 업 이 익		**₩145,000**

[물음2]

매 출 액	(10,000개×₩110)	₩1,100,000
변 동 원 가	(10,000개×₩80)	800,000
공 헌 이 익		300,000
고 정 원 가		75,000
영 업 이 익		**₩225,000**

[물음3]

매 출 액	(10,000개×₩100)	₩1,000,000
변 동 원 가	(10,000개×₩80)	800,000
공 헌 이 익		200,000
고 정 원 가	(₩75,000×1.05)	78,750
영 업 이 익		**₩121,250**

[물음4]

매 출 액	(9,200개×₩105)	₩966,000
변 동 원 가	(9,200개×₩80)	736,000
공 헌 이 익		230,000
고 정 원 가	(₩75,000×0.85)	63,750
영 업 이 익		**₩166,250**

제 10 장

단기의사결정

핵심 요약 의사결정의 기초개념

01 관련원가

☞ 관련원가 : 여러 대체안 사이에 차이가 발생하는 차액원가로서 **의사결정을 하는 데 직접적으로 관련되는 원가**

☞ 비관련원가 : 여러 대체안 사이에 차이가 발생하지 않는 원가로서 **의사결정을 하는 데 영향을 미치지 않는 원가**

02 매몰원가

☞ 매몰원가 : 경영자가 통제할 수 없는 과거의 의사결정으로부터 **이미 발생한 역사적 원가**로서 현재 또는 미래의 **의사결정과 관련 없는 비관련원가임**

03 기회원가

☞ 기회원가 : 선택가능한 여러 대안 가운데 **하나의 대안을 선택함으로써 포기하게 된 나머지 대안 가운데 최적대안의 가치**로 의사결정과정에서는 반드시 고려되어야 하는 **관련원가임**

의사결정의 기초개념

관련원가	대안 간에 차이를 보이는 원가
비관련원가	대안 간에 차이를 보이지 않는 원가
기회원가	차선의 대안에서 기대되는 가치
매몰원가	과거에 이미 발생한 역사적원가

핵심요약 단기의사결정의 유형

01 특별주문의 수락 또는 거절

① 유휴생산능력이 존재하는 경우

이 경우에는 특별주문을 수락하더라도 기존 설비능력만으로 특별주문품의 생산이 가능함. 따라서 이 경우에는 특별주문의 수락으로 인한 **기회비용이 발생하지 아니함**

의사결정기준	의사결정
특별주문가격 > 증분원가	특별주문 수락
특별주문가격 < 증분원가	특별주문 거절

② 유휴생산능력이 없는 경우

이 경우에는 특별주문을 수락할 경우 기존 설비능력이 부족하기 때문에 특별주문으로 인한 **기회비용이 발생함**

의사결정기준	의사결정
특별주문가격 > (증분원가+기회비용)	특별주문 수락
특별주문가격 < (증분원가+기회비용)	특별주문 거절

예제

특별주문 수락·거절

자동차 에어컨에 들어가는 부품을 생산하는 (주)민준은 내년에 정규 판매가격(₩80/개)으로 15,000개의 제품을 판매할 것으로 예상하고 있다. 15,000개 생산을 가정하여 계산된 원가자료는 다음과 같다.

	단위당 제조원가	총원가
직접재료원가	₩23	₩345,000
직접노무원가	16	240,000
변동제조간접원가	10	150,000
고정제조간접원가(배부액)	12	200,000
합계	₩61	₩935,000

이때 외국 수입상으로부터 단위당 ₩56에 4,000개를 구입하겠다는 특별주문을 요청받았다. 이 수출주문을 수락할 경우 부품규격조정으로 인해 고정제조간접원가가 ₩8,000만큼 증가할 것이다.

다음 물음에 답하시오.

[물음1] (주)민준의 연간 최대생산능력이 20,000개일 경우 주문의 수락 여부를 결정하시오.

[물음2] (주)민준의 연간 최대생산능력이 18,000개일 경우 주문의 수락 여부를 결정하시오.

풀이

[물음1] 유휴생산능력 有 → 기회비용 無

최대생산능력이 20,000개일 경우 : 국내판매량에 영향 없다.

(1) 특별주문을 수락하는 경우의 증분손익

Ⅰ. 증분수익	₩56×4,000개 =	₩224,000
Ⅱ. 증분비용*	(₩49×4,000개)+8,000 =	₩204,000
Ⅲ. 증분이익		**₩20,000**

* 관련원가는 변동원가인 직접재료원가, 직접노무원가, 변동제조간접원가와 고정제조간접원가 추가증가금액이다.

(2) 의사결정 : 특별주문을 **수락**한다.

[물음2] 유휴생산능력 無 → 기회비용 有

최대생산능력이 18,000개일 경우 : 수출시 국내판매량이 1,000개 감소한다.

(1) 특별주문을 수락하는 경우의 증분손익

Ⅰ. 특별주문수락시의 총공헌이익		₩20,000
Ⅱ. 정규매출감소로 인한 공헌이익상실액	(₩80－₩49)×1,000개 =	(₩31,000)
Ⅲ. 증분이익(손실)		**(₩11,000)**

(2) 의사결정 : 특별주문을 **거절**한다.

02 부품의 자가제조 또는 외부구입

☞ 자가제조 관련원가를 분석할 때는 **자가제조와 관련된 변동원가뿐만 아니라 자가제조를 중단하는 경우 회피가능한 고정원가도 고려**해야 함

의사결정기준	의사결정
외부구입원가 > 회피가능원가＋기회원가	자가제조
외부구입원가 < 회피가능원가＋기회원가	외부구입

예제

부품의 자가제조 또는 외부구입

(주)민준의 부품제조에 대한 원가자료는 다음과 같다.

부품단위당 직접재료원가	₩180
부품단위당 직접노무원가	70
부품단위당 변동제조간접원가	50
고정제조간접원가	300,000
생산량	10,000단위

외부의 제조업자가 이 부품을 ₩350에 납품하겠다고 제의하였다. 부품을 외부에서 구입할 경우 고정제조간접원가의 2/3를 회피할 수 있다고 한다.

다음 물음에 답하시오.

[물음1] (주)민준이 부품을 자가제조할 것인가 또는 외부구입할 것인가?

[물음2] (주)민준이 최대한 허용할 수 있는 부품의 단위당 구입가격은 얼마인가?

풀이

[물음1] 자가제조 또는 외부구입 의사결정

(1) 부품을 외부구입을 하는 경우의 증분손익

• 외부 구입원가	₩350×10,000개 =	(₩3,500,000)
• 변동제조원가 절감액	₩300×10,000개 =	3,000,000
• 회피가능 고정원가	₩300,000×2/3 =	200,000
증분손익		(₩300,000)

(2) 의사결정 : **자가제조**가 유리함

[물음2] 최대구입가격

(1) 부품을 외부구입을 하는 경우의 증분손익≥0

• 외부 구입원가	X × 10,000개 =	(10,000X)
• 변동제조원가 절감액	₩300×10,000개 =	3,000,000
• 회피가능 고정원가	₩300,000×2/3 =	200,000
증분손익		₩0 이상

(2) 허용가능한 최대 외부구입원가(X)=**₩320**

03 제약자원하의 의사결정

☞ **제약자원 단위당 공헌이익이 큰 것부터 생산시 총공헌이익을 극대화!!**

$$제약자원\ 단위당\ 공헌이익 = \frac{제품\ 단위당\ 공헌이익}{제품\ 단위당\ 제약자원사용량}$$

예제

제약자원하의 의사결정

(주)민준은 A, B, C 제품을 생산하여 판매하며, 이에 대한 자료는 다음과 같다.

	A	B	C
단위당 판매단가	₩2,600	₩2,200	₩2,500
단위당 변동비	1,400	1,200	1,420
단위당 기계시간	3시간	2시간	2.4시간

총 기계시간은 연간 18,000시간으로 제한되어 있다.

다음 물음에 답하시오.

[물음1] 이익을 극대화하기 위해 각 제품을 몇 개씩 생산·판매하여야 하는가?

[물음2] 물음1의 경우 최대공헌이익은 얼마인가?

[물음3] 각 제품의 최대 수요량(최대 판매량)은 3,000개이다. 이익을 극대화하기 위해 각 제품을 몇 개씩 생산·판매하여야 하는가?

[물음4] 물음3의 경우 최대공헌이익은 얼마인가?

풀이

[물음1,2] 시장수요가 무한인 경우

구 분	A	B	C
판매단가	₩2,600	₩2,200	₩2,500
변동비	1,400	1,200	1,420
① 단위당 공헌이익	₩1,200	₩1,000	₩1,080
② 단위당 기계시간	3시간	2시간	2.4시간
기계시간당 공헌이익 (=①÷②)	₩400/시간	₩500/시간	₩450/시간
생산순위	3순위	1순위	2순위
생산·판매량 & 기계 투입시간	**0개**	**9,000개**×2시 =18,000시간	**0개**
최대 공헌이익	**₩0**	9,000개×1,000 =**₩9,000,000**	**₩0**

☞ 최대 공헌이익=₩9,000,000

[물음3,4] 시장수요가 유한인 경우

구 분	A	B	C
판매단가	₩2,600	₩2,200	₩2,500
변동비	1,400	1,200	1,420
① 단위당 공헌이익	₩1,200	₩1,000	₩1,080
② 단위당 기계시간	3시간	2시간	2.4시간
기계시간당 공헌이익 (=①÷②)	₩400/시간	₩500/시간	₩450/시간
생산순위	3순위	1순위	2순위
생산·판매량 & 기계 투입시간	**1,600**개×3시 =4,800시간	**3,000개**×2시 =6,000시간	**3,000개**×2.4시 =7,200시간
최대 공헌이익	1,600개×1,200 =**₩1,920,000**	3,000개×1,000 =**₩3,000,000**	3,000개×1,080 =**₩3,240,000**

☞ 최대 공헌이익=₩8,160,000

04 제품라인의 유지 또는 폐지

☞ **회피가능 고정원가 : 관련원가**

☞ **회피불가능 고정원가 : 비관련원가**

의사결정기준	의사결정
제품라인의 공헌이익 > (회피가능고정원가+기회원가)	제품라인을 유지
제품라인의 공헌이익 < (회피가능고정원가+기회원가)	제품라인을 폐지

예제

제품라인의 유지 또는 폐지

(주)민준은 장식용 조명기구를 제조·판매하고 있다. 회사는 현재 A, B, C를 제조하고 있으며 당기 중 그 손익의 내용은 다음과 같다.

	A	B	C	계
매 출	₩500,000	₩600,000	₩400,000	₩1,500,000
변동원가	200,000	200,000	250,000	650,000
공헌이익	300,000	400,000	150,000	850,000
고정원가	250,000	300,000	200,000	750,000
순 이 익	₩50,000	₩100,000	(₩50,000)	₩100,000

회사는 고정원가를 각 제품에 배분하는 기준으로 매출액을 사용하고 있다. 제품별 분석에 따르면 C라인은 ₩50,000의 손실이 발생하므로 이 제품을 폐지할 것인지 검토하고 있다.

다음 물음에 답하시오.

[물음1] C라인을 폐지하더라도 고정원가 중 회피가능한 원가는 없다고 할 때 폐지여부를 결정하시오.

[물음2] C라인을 폐지하면 유휴생산시설을 이용하여 학생용 스텐드를 생산할 수 있고 이의 예상이익은 연간 ₩200,000이라면 C라인의 폐지여부를 결정하시오.

풀이

[물음1] C제품라인 폐지시 증분손익

Ⅰ. 증분수익(매출액)	(400,000)
Ⅱ. 증분비용(변동원가)	250,000
Ⅲ. 증분손익	(₩150,000)

증분손실이 ₩150,000이므로 C라인을 폐지하게 되면 회사전체의 이익은 ₩150,000 만큼 감소한다. 따라서 **C라인을 폐지하여서는 안 된다.**

[물음2] C제품라인 폐지시 증분손익

Ⅰ. 증분수익		(400,000)
Ⅱ. 증분비용		
변동원가	250,000	
기회원가	200,000	450,000
Ⅲ. 증분이익		₩50,000

유휴설비를 통해 얻을 수 있는 기회비용을 고려하면 ₩50,000만큼 이익이 발생하므로 **C라인을 폐지**하는 것이 유리하다.

제 11 장

종합예산

핵심요약 종합예산의 편성

☞ 종합예산 : 기업이 매년 기업 전체를 대상으로 예산을 편성하는 것

☞ 종합예산의 편성절차 : **제품원가계산 순서와 정반대**

종합예산의 편성과정

판매예산 → 제조예산 → 원재료매입예산

01 판매예산

☞ 판매예산 : 예산기간 중에 **판매량과 매출액을 설정**하는 것

☞ 판매예산을 바탕으로 제조예산, 원재료매입예산 등이 순차적으로 편성됨

02 제조예산

☞ 제조예산 : 예산기간 중에 **제조해야 할 목표생산량을 설정**하는 것

생산량=판매량+기말제품수량−기초제품수량

03 원재료매입예산

☞ 원재료매입예산 : 목표생산량을 생산하는 데 소요되는 원재료사용량과 기업의 재고정책에 의해서 결정되는 기말원재료재고량을 충족시키기 위하여 예산기간 중에 **구입해야 할 원재료 수량과 구입액을 설정**하는 것

- 원재료 구입량=예상원재료 사용량+기말 적정원재료재고량−기초 원재료재고량
- 원재료 구입액=원재료 구입량×단위당 원재료 예상구입가격

예제

제조예산 & 원재료매입예산

(주)민준은 20×1년 분기별 판매량을 다음과 같이 예상하였다.

	1분기	2분기	3분기	4분기
예상 판매량	3,000개	3,600개	4,000개	4,000개

다음 물음에 답하시오.

[물음1] 1분기 초 제품의 재고수량은 900개이며, 회사는 기초 재고자산을 당분기 예상 판매량의 30%를 유지한다. 1,2,3분기 제조예산을 작성하시오.

[물음2] 제품 1단위 생산에 원재료 2kg이 소비되며, 1kg당 가격은 ₩200이다. 또한, 매 분기 초 당분기 예상 사용량의 20%를 원재료 재고로 유지하고 있으며, 1분기 초 원재료 재고수량은 1,272kg이다.1,2분기 원재료 매입량과 원재료매입예산을 계산하시오.

풀이

[물음1] 1,2,3분기 제조예산

1분기

기초재고	900개	판매량	3,000개
생산량	**3,180개**	기말재고	1,080개
	4,080개		4,080개

2분기

기초재고	1,080개	판매량	3,600개
생산량	**3,720개**	기말재고	1,200개
	4,800개		4,800개

3분기

기초재고	1,200개	판매량	4,000개
생산량	**4,000개**	기말재고	1,200개
	5,200개		5,200개

4분기

기초재고	1,200개	판매량	4,000개
생산량		기말재고	

[물음2] 1,2,3분기 원재료 매입량 & 구입예산

1분기 원재료

기초재고	1,272kg	**사용량**	**6,360kg**
구입량	6,576kg	기말재고	1,488kg
	7,848kg		7,848kg

2분기 원재료

기초재고	1,488kg	**사용량**	**7,440kg**
구입량	7,552kg	기말재고	1,600kg
	9,040kg		9,040kg

3분기 원재료

기초재고	1,600kg	**사용량**	**8,000kg**
구입량	kg	기말재고	kg

1) 1분기 원재료 매입량 : 6,576kg
2) 2분기 원재료 매입량 : 7,552kg
3) 1분기 원재료 구입예산 : 6,576kg×₩200/kg=**₩1,315,200**
4) 2분기 원재료 구입예산 : 7,552kg×₩200/kg=**₩1,510,400**

04 현금예산

☞ 현금예산 : 예산기간 중 현금유입과 현금유출에 대한 예산

① 매출관련 현금예산
② 매입관련 현금예산

예제

현금예산 I (현금유입)

(주)민준은 20×1년 1월 매출액은 ₩100,000이고, 2월과 3월 매출은 각각 ₩150,000, ₩120,000이 될 것으로 예상하고 있다. 이 회사의 매출액 중 30%는 판매한 달에 회수되고, 70%는 판매한 다음달에 회수된다.

다음 물음에 답하시오.

[물음1] 20×1년 2월에 매출관련 현금유입액은 얼마로 예상되는가?

[물음2] 20×1년 3월에 매출관련 현금유입액은 얼마로 예상되는가?

풀이

[물음1] 2월 매출 관련 현금유입 예상액
1) 1월 매출분 현금 회수액=100,000×70%=₩70,000
2) 2월 매출분 현금 회수액=150,000×30%=₩45,000
∴ 2월 현금유입 예상액=70,000+45,000=**₩115,000**

[물음2] 3월 매출 관련 현금유입 예상액
1) 2월 매출분 현금 회수액=150,000×70%=₩105,000
2) 3월 매출분 현금 회수액=120,000×30%=₩36,000
∴ 3월 현금유입 예상액=105,000+36,000=**₩141,000**

예제

현금예산 II (현금유출)

금년 초에 설립된 (주)민준은 상품구매원가의 120%로 상품가격을 책정하고 있다. (주)민준은 매월 구매상품의 40%는 현금으로 구입하고 나머지 60%는 외상구입한다. 외상구입대금은 구입한 달의 다음 달에 지급한다.
(주)민준은 매월 기말재고로 그 다음 달 예상판매량의 30%를 보유하는 정책을 실시하고 있다. 1,2,3월의 예상매출액은 다음과 같다.
단, 3개월 동안의 판매가격 및 구매단가는 불변이다.

	예상 매출액
1월	₩9,600
2월	12,000
3월	15,600

다음 물음에 답하시오.

[물음] 구입대금 지급으로 인한 (주)민준의 2월 중 예상 현금지출액은 얼마인가?

풀이

1월

기초재고	0	매출원가	8,000
당기매입	11,000	기말재고	3,000
	11,000		11,000

2월

기초재고	3,000	매출원가	10,000
당기매입	10,900	기말재고	3,900
	13,900		13,900

– 1월 매출원가=9,600/1.2=₩8,000
– 2월 매출원가=12,000/1.2=₩10,000
– 3월 매출원가=15,600/1.2=₩13,000
– 1월말 재고액=10,000×30%=₩3,000
– 2월말 재고액=13,000×30%=₩3,900
∴ 2월 현금지출 예상액=11,000×60%+10,900×40%=**₩10,960**

제 12 장

대체가격

핵심 요약 대체가격의 개요

01 대체가격의 의의

☞ 대체가격 : 사업부 간에 이루어지는 재화나 용역이 이전되는 가격

02 대체가격결정시 고려사항

(1) 목표일치성기준

☞ 목표일치성기준 : **각 사업부의 목표뿐만 아니라 기업 전체의 목표도 극대화할 수 있는 방향으로 대체가격을 결정**해야 한다는 기준임

(2) 성과평가기준

☞ 성과평가기준 : **각 사업부의 성과를 공정하게 평가할 수 있는 방법으로 대체가격이 결정**되어야 한다는 기준

(3) 자율성기준

☞ 자율성기준 : **각 사업부의 경영자가 자율적으로 의사결정을 하고 대체가격을 결정**해야 한다는 기준

핵심요약 대체가격의 결정

01 대체가격의 결정방법

(1) 시장가격기준

☞ 시장가격기준 : 대체되는 재화나 용역의 시장가격을 대체가격으로 결정하는 방법

(2) 원가기준

☞ 원가기준 : 대체되는 재화나 용역의 원가를 기준으로 대체가격을 결정하는 방법

(3) 협상가격기준

☞ 협상가격기준 : 공급사업부와 수요사업부가 협의를 거쳐 서로 합의한 협상가격으로 대체가격을 결정하는 방법

02 대체가격의 계산

(1) 수요사업부의 최대대체가격

단위당 최대대체가격=단위당 외부구입가격

(2) 공급사업부의 최소대체가격

단위당 최소대체가격=대체시 단위당 증분지출원가+대체시의 단위당 기회원가

예제

공급사업부의 최소대체가격

(주)민준은 A사업부와 B사업부로 구성되어 있다. B사업부는 A사업부에서 생산되는 부품을 가공하여 완제품을 제조한다. B사업부에서는 A사업부에서 생산되는 부품을 연간 100단위만큼 필요로 한다.
A사업부에서 생산되는 부품과 관련한 자료는 다음과 같다.

연간 최대생산능력	1,000단위
단위당 외부시장가격	₩500
단위당 변동원가(변동판매비 포함)	350
단위당 고정원가(연간 1,000단위 기준)	100

다음 각 상황에서 A사업부가 받아들일 수 있는 최소대체가격을 구하시오.

[물음1] 부품의 외부시장수요가 연간 900단위인 경우

[물음2] 부품의 외부시장수요가 연간 1,000단위 이상인 경우

[물음3] 부품의 외부시장수요가 연간 1,000단위 이상이며 내부대체시에는 단위당 ₩50의 변동판매비를 절감할 수 있는 경우

풀이

[물음1] 최소대체가격 I
A사업부가 받아들일 수 있는 최소대체가격을 X라 하면,

	비대체	대체
매출액	900개×@500 =₩450,000	(900개×@500 + 100개×X) = 100X+450,000
변동원가	900개×@350 = 315,000	1,000개×@350 = 350,000
공헌이익	₩135,000	100X+100,000

* 고정원가는 두 대안 간에 차이가 없는 비관련원가이므로 고려할 필요가 없다.

$135,000 = 100X+100,000$
$\therefore X =$ **₩350**

[물음2] 최소대체가격 Ⅱ

	비대체	대체
매출액	1,000개×@500=₩500,000	(900개×@500 + 100개×X) = 100X+450,000
변동원가	1,000개×@350 = 350,000	1,000개×@350 = 350,000
공헌이익	**₩150,000**	100X+100,000

150,000 = 100X+100,000

$\therefore X$ = **₩500**

[물음3] 최소대체가격 Ⅲ

	비대체	대체
매출액	1,000개×@500=₩500,000	(900개×@500 + 100개×X) = 100X+450,000
변동원가	1,000개×@350 = 350,000	(900개×@350 + 100개×@300) = 345,000
공헌이익	**₩150,000**	100X+105,000

150,000 = 100X +105,000

$\therefore X$ = **₩450**

[별해] 공급사업부 A의 최소대체가격은 다음과 같이 구할 수도 있다.

	대체시의 단위당 증분지출원가		대체시의 단위당 기회원가		
1.	₩350	+	₩0	=	**₩350**
2.	₩350	+	(₩500−₩350)	=	**₩500**
3.	₩300	+	(₩500−₩350)	=	**₩450**

(3) 기업 전체의 이익에 미치는 영향

① 공급사업부의 최소대체가격이 수요사업부의 최대대체가격보다 낮은 경우

대체가격의 범위

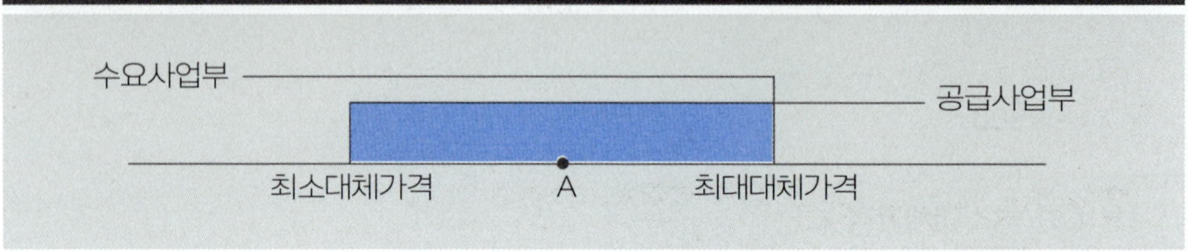

☞ **기업 전체적으로는 대체거래로 인하여 두 사업부의 증분이익을 합한 금액(최대대체가격−최소대체가격)만큼 증분이익**을 얻게 됨

→ **기업전체의 관점에서는 대체가격에 관계없이 대체하는 것이 유리함**

② 공급사업부의 최소대체가격이 수요사업부의 최대대체가격보다 높은 경우

☞ 두 사업부가 모두 허용가능한 대체가격이 존재하지 않으므로 **대체거래는 성립하지 아니함**

대체가격의 범위

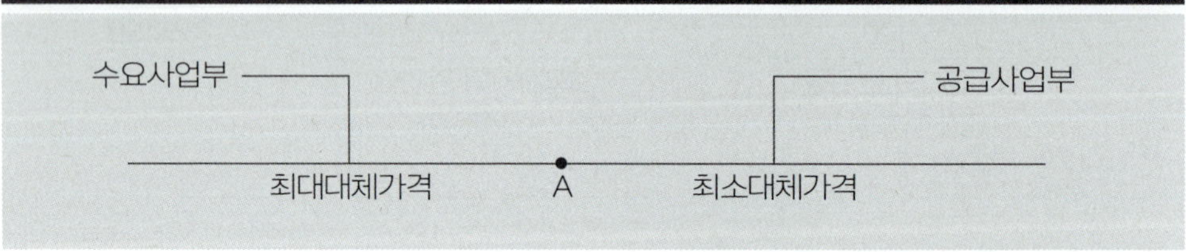

☞ **기업 전체적으로는 대체거래로 인하여 두 사업부의 증분손실을 합한 금액(최소대체가격− 최대대체가격)만큼 증분손실**을 얻게 됨

→ **기업전체의 관점에서는 대체가격에 관계없이 대체하지 않는 것이 유리함**

예제

기업 전체 이익에 미치는 영향

(주)민준은 A사업부와 B사업부로 구성되어 있다. 사업부 A는 단위당 변동비가 ₩500인 부품을 생산하고 있는데, 이 부품은 ₩1,000의 가격으로 외부에 판매할 수도 있고 추가가공을 위해 사업부 B에 대체할 수도 있다. 사업부 B가 이 부품을 외부에서 구입할 수 있는 가격은 ₩900이다.

다음의 각 경우에 기업 전체의 이익을 극대화하기 위하여 사업부 B가 외부로부터 구입해야 하는지 아니면 사업부 A로부터 구입해야 하는지 결정하시오.

[물음1] 사업부 A의 유휴생산시설이 있는 경우

[물음2] 사업부 A의 유휴생산시설이 없는 경우

풀이

내부대체 의사결정

	최소대체가격(A)	최대대체가격(B)	기업전체 관점
1)	₩500+₩0=₩500	₩900	**대체**
2)	₩500+(₩1,000−₩500)*=₩1,000	₩900	**비대체**

* 외부판매시에 얻을 수 있는 단위당 공헌이익

∴ 1) 사업부 A의 유휴생산시설이 있는 경우 : **사업부 A에서 구입**
 2) 사업부 A의 유휴생산시설이 없는 경우 : **외부에서 구입**

제 13 장

책임회계와 성과평가

핵심 요약 책임회계제도의 의의

☞ 책임회계제도 : 각 책임중심점별로 계획과 실적을 측정하여 통제함으로써 **책임중심점 관리자에 대한 성과평가와 조직의 영업성과 향상을 목적으로 하는 회계제도**

☞ 성과평가 : 책임중심점에 대한 **계획과 실적의 차이를 분석**하는 과정

☞ 책임중심점 : 경영관리자가 특정활동에 대해 통제할 **책임을 지는 조직의 부문**

핵심 요약 원가의 통제가능성

☞ 원가의 통제가능성 : 특정원가에 대하여 **통제가능성**을 가지고 있다는 것은 그 **원가의 발생에 대하여 책임을 지고 있는 관리자가 그 원가의 발생여부를 결정할 수 있다는 것**을 의미함

- 통제가능원가 : 책임중심점의 경영자가 발생을 회피할 수 있는 원가
- 통제불능원가 : 책임중심점의 경영자가 발생을 회피할 수 없는 원가

☞ 책임회계제도하에서는 **책임중심점의 경영자가 원가의 발생을 통제할 수 있는 통제가능원가만을 대상**으로 성과평가를 하는 것이 합리적인

핵심요약 책임중심점의 종류

01 원가중심점

☞ 원가중심점 : 통제가능한 **원가의 발생에 대해서만 책임**을 지는 가장 작은 활동단위로서의 책임중심점

예 **제조부문**

02 수익중심점

☞ 수익중심점 : **매출액에 대해서만 통제책임**을 지는 책임중심점

예 **영업부문**

03 이익중심점

☞ 이익중심점 : **원가와 수익 모두에 대해서 통제책임**을 지는 책임중심점

☞ **이익중심점은 수익중심점에 비해 유용한 성과평가기준임**

04 투자중심점

☞ 투자중심점 : **원가 및 수익뿐만 아니라 투자의사결정에 대해서도 책임을 지는 가장 포괄적인 책임중심점**

☞ 투자중심점 성과평가의 지표 : **투자수익률, 잔여이익**

핵심요약 투자중심점의 성과평가

01 투자수익률

(1) 투자수익률의 의의

☞ 투자수익률 : 미국의 듀퐁(Du Pont)사가 최초로 사용한 것으로 영업이익을 투자액으로 나누어 계산한 수익성 지표임

(2) 투자수익률의 계산

$$\text{투자수익률} = \frac{\text{영업이익}}{\text{투자중심점의 영업자산}}$$
$$= \frac{\text{영업이익}}{\text{매출액}} \times \frac{\text{매출액}}{\text{투자중심점의 영업자산}}$$
$$= \text{매출액이익률} \times \text{자산회전율}$$

(3) 투자수익률의 장점과 단점

① 장점 : 비율로 표시되기 때문에 **투자규모가 다른 투자중심점**이나 투자규모가 다른 동일 산업 내의 다른 기업과의 **성과를 비교하는 데 유용함**

② 단점 : 투자중심점의 투자수익률 극대화 노력이 기업 전체적으로는 이익의 감소를 초래하는 준최적화 현상이 발생할 수 있음

※ 준최적화 현상 : 회사 전체의 최저필수수익률을 상회하는 좋은 투자안이 개별투자중심점의 투자수익률보다 낮기 때문에 투자가 포기되는 현상

→ 준최적화 문제는 **잔여이익을 성과평가 기준으로 사용하면 해결**가능함

02 잔여이익

(1) 잔여이익의 의의

☞ 잔여이익 : 투자중심점의 영업자산으로부터 획득해야 할 최소한의 이익을 초과하는 영업이익

(2) 잔여이익의 계산

잔여이익=(투자중심점의 영업이익)−(투자중심점의 영업자산×최저필수수익률)

(3) 잔여이익의 장점과 단점

① 장점 : 잔여이익을 이용하여 성과평가를 하면 각 **투자중심점과 회사 전체의 목표를 일치**시킬 수 있는 **목표일치성**을 달성할 수 있음

→ **잔여이익은 투자수익률이 갖고 있는 준최적화현상의 문제점을 해결**할 수 있음

② 단점 : 잔여이익은 투자액의 영향을 받으므로 **투자규모가 다른 투자중심점의 성과비교가 어려움**

예제

투자수익률과 잔여이익

(주)민준은 전자제품을 생산하여 판매하는 회사로서, 분권화된 세 개의 제품별 사업부로 운영하고 있다. 이들은 모두 투자중심점으로 설계되어 있으며, 회사의 최저필수수익률은 20%이며, 각 사업부의 영업자산, 영업이익 및 매출액에 관한 정보는 다음과 같다.

	에어컨사업부	냉장고사업부	세탁기사업부
평균영업자산	₩500,000	₩250,000	₩250,000
영업이익	160,000	150,000	105,000
매출액	2,000,000	1,500,000	1,500,000

다음 물음에 답하시오.

[물음1] 각 사업부별로 다음을 계산하시오.
(1) 자산회전율 (2) 매출액이익률 (3) 투자수익률

[물음2] 투자수익률을 기준으로 성과평가를 하고 우선순위를 결정하시오.

[물음3] 잔여이익을 기준으로 성과평가를 하고 우선순위를 결정하시오.

[물음4] 현재 에어컨사업부는 ₩200,000을 투자하면 ₩50,000의 이익을 얻을 수 있는 새로운 투자기회를 검토하고 있다. 새로운 투자에 소요되는 예산은 현재의 자본비용 수준으로 조달할 수 있다. 다음 각각의 기준에 의해 투자안의 채택여부를 결정하시오.
(1) 투자수익률 기준 (2) 잔여이익 기준 (3) 기업전체 입장

풀이

[물음1] 자산회전율, 매출액이익률 및 투자수익률

(1) 자산회전율

	에어컨사업부	냉장고사업부	세탁기사업부
매출액	₩2,000,000	₩1,500,000	₩1,500,000
평균영업자산	÷500,000	÷250,000	÷250,000
자산회전율	**4회**	**6회**	**6회**

(2) 매출액이익률

	에어컨사업부	냉장고사업부	세탁기사업부
영업이익	₩160,000	₩150,000	₩105,000
매출액	÷2,000,000	÷1,500,000	÷1,500,000
매출액이익률	**8%**	**10%**	**7%**

(3) 투자수익률

에어컨사업부 : 0.08×4회=**32%**
냉장고사업부 : 0.10×6회=**60%**
세탁기사업부 : 0.07×6회=**42%**

[물음2] 투자수익률 기준

	순위
에어컨사업부 : 32%	3
냉장고사업부 : 60%	1
세탁기사업부 : 42%	2

[물음3] 잔여이익 기준

	순위
에어컨사업부 : ₩160,000−₩500,000×0.2=₩60,000	2
냉장고사업부 : ₩150,000−₩250,000×0.2=₩100,000	1
세탁기사업부 : ₩105,000−₩250,000×0.2=₩55,000	3

[물음4] 준최적화 현상

(1) 투자수익률 기준
① 현재의 ROI : ₩160,000÷₩500,000=32%
② 투자 후의 ROI : ₩210,000÷₩700,000=30%
③ 의사결정 : 투자안을 **기각**한다.

(2) 잔여이익 기준
① 현재의 잔여이익 : ₩160,000−₩500,000×0.2=₩60,000
② 투자 후의 잔여이익 : ₩210,000−₩700,000×0.2=₩70,000
③ 의사결정 : 투자안을 **채택**한다.

(3) 기업전체 입장
① 투자안의 투자수익률 : ₩50,000÷₩200,000=25%
② 의사결정 : 투자수익률이 자본비용을 초과하므로 투자안을 **채택**한다.

제 14 장

불확실성하의 의사결정

핵심요약 불확실성하의 의사결정의 의의

☞ 확실성하의 의사결정 : 의사결정자가 의사결정과 관련된 모든 요소들을 확실하게 알 수 있는 경우의 의사결정

☞ **불확실성하의 의사결정 : 의사결정과 관련된 미래의 상황이 불확실한 경우의 의사결정**

핵심 요약 완전정보의 기대가치

☞ 완전정보 : 미래의 불확실성을 완전히 없애주는 정보

→ 완전정보란 미래에 어떠한 상황이 발생할 것인가를 정확하게 알려주는 정보를 말함

☞ **완전정보의 기대가치 : 완전정보를 가지고 의사결정을 할 경우 얻게 되는 기대가치에서 기존정보를 가지고 의사결정을 할 경우 얻게 되는 기대가치를 차감하여 계산**됨

> 완전정보의 기대가치=완전정보하의 기대가치−기존정보하의 기대가치
> (=완전정보를 이용함으로써 증가되는 기대가치)
> (=완전정보를 얻기 위해 지불할 수 있는 최대금액)

예제

완전정보의 기대가치

(주)민준은 기계 A나 기계 B를 구입하여 신형자전거를 생산하려고 한다. 신형자전거가 생산되면 구매자의 선호에 따라 히트상품이 될 수도 있고, 보통상품이 될 수도 있다. 각 상황에 따라 예상되는 이익은 다음과 같다.

구 분	미래 상황	
	히트상품	보통상품
기계 A 구입	₩200,000	₩120,000
기계 B 구입	₩300,000	₩80,000

신형자전거가 히트상품이 될 확률은 40%이며, 보통상품이 될 확률은 60%이다. 다음 물음에 답하시오.

[물음] 완전정보의 기대가치를 계산하시오.

풀이

1) 불완전정보하의 기대이익

① 기계 A 구입시의 기대이익=200,000×40%+120,000×60%=₩152,000

② 기계 B 구입시의 기대이익=300,000×40%+80,000×60%=**₩168,000**

즉, 불완전정보하에서는 기계 B를 구입하여 168,000의 이익을 예상함

2) 완전정보하의 기대이익

① 완전정보가 히트상품일 경우 기계 B를 구입하여 300,000의 이익을 예상함

② 완전정보가 보통상품일 경우 기계 A를 구입하여 120,000의 이익을 예상함

즉, 완전정보하의 기대이익=300,000×40%+120,000×60%=**₩192,000**

∴ 완전정보의 기대가치=2)−1)=192,000−168,000=**₩24,000**

☞ 각 상황에 대해 100% 정확한 예측을 하는 보고서가 있을 때, 이 보고서의 최대구입가격이 ₩24,000임을 의미함

핵심 요약 차이조사 결정

차이조사 관련 성과표

대안	상황	
	정상 : 확률(P)	비정상 : 확률(1−P)
조사 실시 O	조사비용	조사비용+수선비용
조사 실시 ×	−	비정상으로 인한 손실

예제

차이조사 결정

(주)민준의 생산공장은 가끔 제품의 불량률이 높은 비정상상태를 일으키는 경우가 있는데, 이로 인한 제품의 불량으로 인한 손실은 ₩1,000,000이며, 조사비용은 ₩300,000이 소요된다. 조사 후 비정상적인 상태를 교정하는 비용은 ₩400,000이다.

다음 물음에 답하시오.

[물음1] 공정이 정상상태일 확률이 30%라고 할 때, 차이조사를 할지 여부에 대해 의사결정을 하시오.

[물음2] 공정이 정상상태에 있을 확률이 얼마일 때 공정을 조사하는 것과 조사하지 않는 경우가 무차별해지는가?

풀이

대안 \ 상황	정상	비정상
차이조사 O	₩300,000	300,000+400,000=₩700,000
차이조사 ×	₩0	₩1,000,000

[물음1] 차이조사 의사결정

1) 차이조사시 기대 비용=300,000×30%+700,000×70%=₩580,000

2) 차이조사 안 할 경우 기대 비용=0×30%+1,000,000×70%=₩700,000

∴ 차이를 조사하는 경우가 기대 비용이 적으므로 **차이를 조사해야 한다.**

[물음2] 조사여부가 무차별할 경우의 확률

1) 차이조사시 기대 비용

=300,000×P+700,000×(1−P)=₩700,000−400,000P

2) 차이조사 안 할 경우 기대 비용

=0×P+1,000,000×(1−P)=₩1,000,000−1,000,000P

3) 1)=2)

즉, ₩700,000−400,000P=₩1,000,000−1,000,000P

∴ P(공정이 정상상태에 있을 확률)=**50%**

핵심요약 예측오차의 원가

☞ 예측오차의 원가 : 정확한 예측자료를 이용하였을 경우의 의사결정의 성과와 부정확한 정보를 이용한 의사결정의 성과의 차이를 말함

→ **예측오차의 원가란 미래에 대한 예측을 잘못함으로써 의사결정자가 입는 기회손실**을 의미함

예측오차의 원가=정확한 예측에 의한 기대성과−부정확한 예측에 의한 실제성과

예제

예측오차의 원가

(주)민준은 마을축제일에 기념풍선을 판매하려고 계획하고 있다. ㈜민준은 이 풍선을 개당 ₩300에 구입할 수 있으며, ₩500에 판매할 수 있다.
팔지 못한 풍선은 반품이 불가능하며 시중가게에 ₩50에 판매할 수 있다.
또한, (주)민준은 마을 내에 자리를 잡는 대가로 ₩50,000의 기부금을 선급하여야 한다.
(주)민준은 판매를 위하여 1,200개의 풍선을 구입하였으나, 실제로는 900개만 판매할 수 있었다.

다음 물음에 답하시오.

[물음] 예측오차의 원가는 얼마인가?

풀이

1) 정확한 예측하의 기대이익
=−900개×300+900개×500−50,000=₩130,000
2) 잘못된 예측하의 실제이익
=−1,200개×300+900개×500+300개×50−50,000=₩55,000
3) 예측오차의 원가=1)−2)
∴ 예측오차의 원가=**₩75,000**

제 15 장

원가관리회계 신이론

핵심 요약 전략적 원가관리

전략적 원가관리

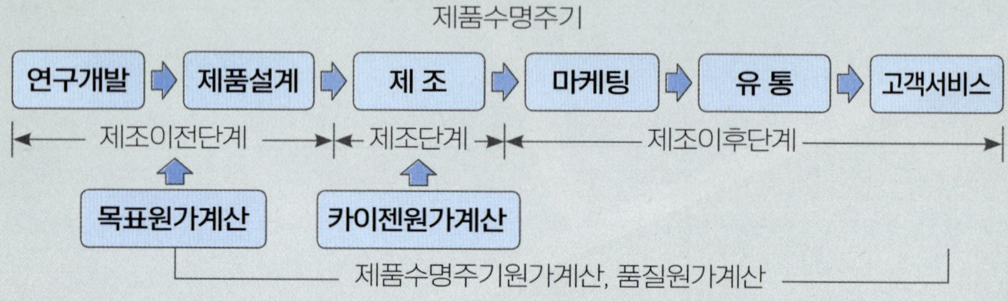

- 목표원가계산 : 연구개발과 설계단계에서의 원가절감에 초점
- 카이젠원가계산 : 제조단계에서의 원가절감에 초점
- 제품수명주기원가계산 : 모든 단계에서의 원가를 계산하는 데 초점
- 품질원가계산 : 모든 단계에서 품질이 기업에 미치는 원가를 계산

핵심 요약 목표원가

☞ 전통적 원가계산 방법 : 전통적 원가계산 방법인 **원가가산 가격결정방식**에서는 **제품의 원가에 목표이익을 가산하여 판매가격을 결정함**

☞ 목표원가계산 : **제품개발 및 설계단계에서부터 원가절감을 위한 노력을 기울여 목표원가를 달성하고자 하는 원가절감시스템**을 말하며, **원가기획**이라고도 함

☞ 목표원가계산 방법에서는 **제품에 대한 시장의 수요나 경쟁자 등을 고려하여 전략적으로 설정하는 판매가격에서 목표이익을 차감하여 목표원가를 설정함**

- 전통적 원가계산: 제품원가+목표이익=판매가격
- 목표원가계산: 목표판매가격−목표이익=목표원가

목표원가	
등장배경	생산(제조) 단계에서의 원가절감의 한계
원가절감 단계	생산 이전 단계에서 원가가 대부분 확정됨 ☞ 생산 이전 단계(연구개발, 설계 단계)에서 목표원가를 설정한 후 원가절감
목표원가 설정방법	목표가격(시장 수요를 통해 결정)−목표이익=목표원가
원가기획	생산 이전단계에서 신제품의 목표원가수준에 대해 기획하는 기법 ☞ 가치공학*을 이용한 목표원가의 달성 * 가치공학 : 제품설계 변경, 공정 변경, 재료교체 등과 같은 공학적 방법

핵심요약 카이젠원가

☞ **목표원가계산** : 목표원가계산은 제조 이전 단계에서의 원가절감에 중점을 두는 반면, 제품을 생산하는 데 제조 단계에서의 원가절감에 중점을 두는 것이 카이젠원가계산임

☞ **카이젠원가계산** : 공정이나 제품에 대한 대규모의 혁신이 아니라 소규모의 지속적인 개선을 통하여 점차적으로 원가를 절감하게 됨

☞ **표준원가계산** : 실제원가를 표준원가에 맞추려는 원가통제를 목표로 하지만 카이젠원가는 지속적인 개선을 통하여 실제원가를 기존원가보다 낮추려는 원가절감을 목표로 함

목표원가 vs. 표준원가 vs. 카이젠원가

구 분	목표원가	표준원가	카이젠원가
적용시점	**생산 이전 단계** : 기획, 개발, 설계	**생산 단계**	**생산 단계**
목표	생산 개시 전 **원가기획을 통한 원가절감**	생산공정상 **원가 통제**	**지속적인 원가절감**

표준원가 vs. 카이젠원가

구 분	표준원가	카이젠원가
분석의 초점	원가통제 시스템 : 사전에 설정된 **표준원가와 실제원가의 차이분석**에 초점	원가절감 시스템 : **목표원가 절감액과 실제원가 절감액을 비교분석**하는 데 초점
원가개선 및 절감의 주체	**관리자와 엔지니어**가 표준을 설정하면 작업자는 표준에 따라 작업 수행	공정을 관리하는 **작업자**에게 지속적인 공정개선과 원가절감에 대한 책임을 부여

핵심요약 품질원가

☞ 품질원가 : 품질을 유지하기 위해 발생하는 모든 원가

☞ 품질원가는 예방원가, 평가원가, 내부실패원가, 외부실패원가로 구분되는데, **일반적으로 바람직한 분포는 [예방원가>평가원가>내부실패원가>외부실패원가]**이다. 즉, 일반적으로 이 경우 품질원가가 최소화됨

품질원가	
품질원가	품질과 관련된 모든 원가(불량품과 관련된 원가)
품질원가 종류	**통제원가(예방원가, 평가원가), 실패원가(내부실패원가, 외부실패원가)**
통제원가	불량품이 생산되지 않도록 통제하는 원가
실패원가	불량품이 생산된 결과로 발생하는 원가
예방원가	불량품을 **예방**하기 위한 원가
	Ex) 품질관리시스템 기획, 예방설비 유지, 공급업체 평가, 품질교육, 설계 엔지니어링, 공정 엔지니어링, 품질 엔지니어링 등에 소요되는 원가
평가원가	불량품을 **적발**하기 위한 원가
	Ex) 원재료나 제품의 검사 및 시험, 검사설비 유지, 현장 및 라인검사 등으로 인하여 소요되는 원가
내부실패원가	내부적으로 발견된 불량품에 의한 원가 ☞ **소비자에게 인도 전 발견**
	Ex) 공손품, 작업폐물, 재작업, 재검사, 작업중단 등으로 인하여 소요되는 원가
외부실패원가	외부적으로 발견된 불량품에 의한 원가 ☞ **소비자에게 인도 후 발견**
	Ex) 고객지원, 보증수리, 교환, 반품(반품의 운송, 재작업, 재검사 포함), 손해배상, 판매기회상실에 따른 기회비용 등

핵심요약 제품수명주기원가

☞ 제품수명주기원가계산 : 공급자입장에서 제품수명주기 동안에 발생하는 모든 원가를 추적하여 집계하는 것

제품수명주기원가	
제품수명 주기	제품의 기획부터 폐기까지의 전단계
제품수명주기 원가계산	수명주기 단계별 원가계산에 의한 총체적 원가관리
가치사슬	연구개발부터 설계, 제조, 마케팅, 유통, 고객서비스에 이르기까지 **가치를 부여하는 모든 기능들은 상호 연결되어 사슬을 형성**하는데 이러한 기능들의 사슬을 가치사슬이라고 함
가치사슬 분석	**제조단계에서 발생하는 원가**뿐만 아니라, **생산(제조) 이전과 생산(제조) 이후 단계에서의 원가 등 가치사슬에서 발생된 원가전체를 절감하는 데 노력**을 기울임
제품수명주기 원가계산의 결론	**생산 이전 단계**(기획, 개발 및 설계단계)에서 **대부분의 원가가 확정됨** ☞ **대규모의 원가절감을 위해서는 생산(제조) 이전 단계에 중점**을 두어야 함
제품수명주기 원가계산의 유용성	• 제품의 수익성분석과 가격결정 등의 의사결정에 도움을 줌 • 제조 이전 단계에서의 원가절감의 중요성을 강조하여 대규모 원가절감을 가능케 함 • 어떤 가치사슬단계에서 얼마만큼의 원가가 발생하는지를 알게 됨으로써 상이한 가치사슬단계에서 원가발생의 상호관계 파악이 가능함

핵심요약 균형성과표

균형성과표

<table>
<tr><td>의미</td><td colspan="2">성과평가에 있어서 재무적, 고객중심, 내부프로세스, 학습과 성장의 4가지 관점의 균형적 성과평가를 위한 보고서</td></tr>
<tr><td>등장배경</td><td colspan="2">기존의 성과평가 시스템이 재무적, 단기적 성과에만 치중함</td></tr>
<tr><td rowspan="5">성과지표의 균형</td><td>재무적 측정치</td><td>비재무적 측정치</td></tr>
<tr><td>단기성 성과</td><td>장기적 성과</td></tr>
<tr><td>외부적 측정치</td><td>내부적 측정치</td></tr>
<tr><td>과거의 성과</td><td>미래의 성과</td></tr>
<tr><td>결과지향적인 성과</td><td>과정지향적인 성과</td></tr>
<tr><td>BSC의 4가지 관점</td><td colspan="2">학습과 성장 → 내부 프로세스 개선 → 고객만족 향상 → 재무성과 개선</td></tr>
<tr><td rowspan="2">학습과 성장 관점</td><td>의미</td><td>종업원을 학습시켜 기업의 장기적인 성장가능성을 높이는 관점</td></tr>
<tr><td>성과평가지표</td><td>종업원 교육수준, 종업원만족도, 이직률, 종업원당 PC수 등</td></tr>
<tr><td rowspan="2">내부프로세스 (업무과정) 관점</td><td>의미</td><td>기업내부프로세스의 효율성을 측정하는 관점</td></tr>
<tr><td>성과평가지표</td><td>불량률, 재작업률, 적시배송률, 생산처리시간 등</td></tr>
<tr><td rowspan="2">고객 관점</td><td>의미</td><td>고객만족에 대한 성과를 측정하는 관점</td></tr>
<tr><td>성과평가지표</td><td>고객만족도, 시장점유율, 기존고객유지율, 반복구매율 등</td></tr>
<tr><td rowspan="2">재무적 관점</td><td>의미</td><td>• 주주의 부를 최대로 하고자 하는 관점
• 기업의 최종 목표이자 결과치임</td></tr>
<tr><td>성과평가지표</td><td>영업이익, 매출증가율, 매출총이익률, 투자수익률 등</td></tr>
</table>

핵심요약 제약이론

☞ 제약이론 : 조직의 성과가 제약요인에 의해 결정되므로 조직경영의 장애가 되는 제약요인을 파악하고 **제약요인을 효과적으로 집중관리함으로써 현금창출을 극대화**하고자 하는 관리기법

☞ 제약이론에서의 원가계산방법 : 제약이론에서는 **단기적인 관점에서의 분석**이 중요시되므로 직접재료원가 외에는 전부 고정비로 간주함

→ 제약이론에서 사용하는 원가계산방법 : **초변동원가계산**

☞ 제**약이론의 목표 : 병목공정의 처리능력을 확대**하여 재고와 운영비용(직접노무원가, 제조간접원가, 판매비와관리비)을 최소화하면서 **재료처리량공헌이익을 극대화하여 기업의 이익을 극대화하는 것임**

제약이론	
사용하는 원가계산	초변동원가계산
제약이론의 목표	병목공정의 처리능력 확대 → 재료처리량공헌이익 극대화 → 기업의 이익 극대화

저자 약력

박종하 회계사

약력

서울대학교 졸업
대원외국어 고등학교 졸업
공인회계사·세무사
前 : 삼일회계법인 근무
삼일아카데미 전임교수
국가공인 재경관리사, 회계관리 1급
저자 및 출제위원

現 : 신우회계법인 이사
씨앤씨인터내셔널 사외이사
한국금융연수원 회계학 겸임교수
서울디지털대학교 회계학 교수
관세사 회계학 교수
감정평가사 회계학 교수
신용분석사 회계학 교수
재물손해사정사 회계학 교수
국세청 실무강의
조세일보 실무강의
CFO 아카데미 실무강의
생산성본부 실무강의
삼성전자, 현대자동차그룹, 두산그룹,
롯데그룹, 한화그룹 등 실무강의

저서

국가공인 재경관리사(회계, 세법)
국가공인 회계관리 1급(회계)
국가공인 회계관리 2급(회계)
K-IFRS 중급 재무회계
유형별 회계학(재무회계)
유형별 회계학(원가관리회계)
유형별 회계학(회계원리)
Final 유형별 회계학 500제
바이블 회계학(재무회계)
바이블 회계학(원가관리회계)
바이블 회계학(회계원리)
바이블 회계학(객관식 재무회계)
바이블 회계학(객관식 원가관리회계)
회계사 대비 CASE회계학(재무회계)
CASE회계학(원가관리회계)
객관식 CASE회계학(상권, 하권)
공무원 대비 CASE회계학(재무회계)
공무원 대비 CASE회계학(원가관리회계)
쌩기초 회계학
기업회계기초 1권, 2권, 3권
신용분석사 핵심정리문제집 1부, 2부
신용분석사 핵심이론요약집 1부, 2부

저자와의
협의하에
인지생략

바이블 회계학 원가관리회계 Sub-Note

2022년 09월 21일 초판 인쇄
2022년 09월 30일 초판 1 쇄 발행

저 자 : 박 종 하
발행인 : 정 광 식
발행처 : **비앤엠북스**
서울시 금천구 가산디지털1로 70 B1-103(호서대벤처타워)
등 록 2004. 12. 29. / 제313-2004-00298호
전 화 2627-5710~13, 팩스 2627-5720
홈페이지 www.대학교재.net
이 메 일 bnmbook@daum.net

정가 25,000원 ISBN 978-89-6821-167-6